AF362376

DE L'ORGANISATION

DU

TRAVAIL MANUEL DES JEUNES FILLES

LES INTERNATS INDUSTRIELS

RAPPORT

PRÉSENTÉ A LA SOCIÉTÉ DE PROTECTION DES APPRENTIS

ET DES ENFANTS EMPLOYÉS DANS LES MANUFACTURES

Par M. F. MONNIER

Maître des requêtes au Conseil d'État.

———❦———

PARIS

IMPRIMERIE ET LIBRAIRIE CENTRALES DES CHEMINS DE FER

A. CHAIX ET Cⁱᵉ

RUE BERGÈRE, 20, PRÈS DU BOULEVARD MONTMARTRE.

1869

DE L'ORGANISATION

DU TRAVAIL MANUEL DES JEUNES FILLES

—

LES INTERNATS

Messieurs,

Si l'industriel qui emploie des enfants aux travaux de son usine doit des ménagements à leur âge, combien sa responsabilité ne s'accroît-elle pas lorsque ce sont des jeunes filles qu'il reçoit dans ses ateliers?

Qu'on laisse le jeune garçon s'aventurer à ses risques et périls au milieu de ces agglomérations d'ouvriers de tout âge et de toute provenance que l'industrie moderne, brusquement développée par l'application des forces mécaniques, a concentrés autour de ses grands moteurs; c'est une épreuve qui, quels qu'en soient les périls, ne fait, après tout, que placer le jeune homme dans les conditions d'existence qui lui sont réservées et ne heurte son adolescence qu'à des chocs auxquels il doit se faire. Sa destinée est au milieu des rudes contacts de la vie extérieure. Mais prendre la jeune fille à l'âge où aucune épreuve de la vie ne l'a encore avertie, la retirer aux protections naturelles de l'existence d'intérieur et de famille pour l'abandonner, avec sa nature plus impressionnable, au milieu des compagnies de l'atelier, du va-et-vient de l'usine, sans qu'un œil reste ouvert sur ceux qui l'entourent et sur elle, sans qu'une ferme discipline assure, dans la maison du patron, le respect dû à son sexe, ou parfois ne le lui rappelle à elle-même; en profitant de son travail, oublier tout ce qu'elle expose ou négliger de le défendre, c'est une incurie qu'un homme d'honneur doit flétrir, et contre laquelle il appartient à votre Société d'élever sa protestation publique.

Toutefois une seconde et meilleure mission lui revient aussi. C'est d'apporter, dans la mesure où elle le peut, son concours

aux hommes de bonne volonté ; et, grâces à Dieu, leur nombre
est grand dans notre pays. Si l'on y fait peu, c'est fort souvent
parce que l'on n'y sait pas assez que faire, et j'espère ne pas
donner trop de part à l'amour-propre national en disant que,
en France, c'est plutôt l'indication précise de la route à suivre
qui nous manque que ce n'est l'impulsion à y entrer ; signaler le
but, montrer avec clarté les moyens de l'atteindre, c'est quelquefois y avoir presque tout fait.

Ai-je pour notre Société cette prétention qu'elle soit le guide
auquel devront s'attacher les chefs d'établissements dans ces
réformes, ces améliorations incessantes auxquelles conduit la
recherche du bien ? Messieurs, ils sont plus au fait que nous du
mal, plus compétents pour apprécier les moyens pratiques à lui
opposer dans leur industrie et leur localité. Notre ambition
reste plus modeste. La mission que nous voulons remplir, c'est
une œuvre de publicité, publicité donnée non d'abord aux hommes,
— ce qui effaroucherait la modestie des meilleurs en servant de
vaine réclame à la vanité de quelques autres, — mais publicité
rendue surtout aux faits. L'exemple des faits deviendra pour
tous un guide plein d'autorité. En nous faisant un centre de
renseignements pratiques, en provoquant la recherche des efforts
qui ont été commencés, des résultats qui ont été obtenus, en
faisant connaître les données principales de cette enquête offi-
cieuse, nous n'aurons pas, j'ose le croire, accompli une œuvre
stérile ; nous aurons éclairé la voie, mûri les questions par une
méthode qui n'est pas la moins sûre, tout en nous laissant éco-
liers nous-mêmes, celle de l'enseignement mutuel.

Aussi bien n'en est-il aucune qui soit autant qu'elle féconde
en émulation, ce mobile si actif dans le domaine de l'industrie
et auprès des chefs d'établissements, fiers et jaloux d'une
indépendance qu'ils doivent à leur travail ; — j'allais dire ce
mobile qui est, auprès d'eux, le seul efficace.

Telles sont les pensées dans lesquelles j'ai réuni les notices
qui vont suivre, premières ébauches qui se rattachent à l'une
des situations les plus graves que comporte l'organisation du
travail manuel de la jeune fille, celle des internats. J'espère y
faire voir que s'il n'existe guère de circonstance où la charge des
directeurs soit plus lourde, il en est également peu où parfois
ils aient su élever davantage leur rôle et ennoblir l'industrie, en

faisant de l'atelier lui-même un moyen d'éducation morale et une école d'instruction et de piété, aussi bien que de travail.

INTERNATS DE CHARITÉ

FONDATIONS CONGRÉGANISTES.

Je dois mentionner d'abord les ateliers de charité.

Par leur donnée fondamentale ils sont en dehors de l'industrie qui repose sur la production comme moyen d'existence, et qui, dès lors, est assujétie à des nécessités et à des sacrifices dont restent exemptes les institutions nées de la philanthropie.

En accordant cette différence capitale sur laquelle directeurs d'institutions charitables et chefs d'établissements manufacturiers insistent volontiers, j'ai besoin de faire toutefois deux réserves.

Sans doute, dirai-je aux premiers, le travail de vos élèves n'est pour vous qu'un moyen de discipliner leur volonté. Ce n'est jamais le profit, c'est l'œuvre de charité que vous avez en vue et vous lui enleveriez son crédit et sa meilleure force en cessant de puiser ses ressources dans le pieux concours de vos amis. Faites donc aux exercices de l'esprit, à l'instruction, au culte la plus large place ; préparez la jeune fille à sa vocation essentielle, en la formant à tous les soins du ménage, et à cette activité industrieuse et multiple qui est la vraie part de la mère de famille et qui apporte une sorte d'aisance dans le plus modeste foyer ; réduisez les heures passées à l'atelier et diminuez son rôle. J'y applaudis ; mais, dans la mesure où il vous convient d'y avoir recours, ne l'oubliez pas, vous faites de l'industrie. Qu'un amour-propre mal placé, que le préjugé de tel ou tel bienfaiteur ne vous persuade pas qu'il convienne jamais de prendre part à l'une ou l'autre des grandes activités sociales en dehors de leurs conditions de lutte : je veux dire, sans exiger d'abord de vos élèves que leur travail soit rémunérateur proportionnellement au temps qu'elles y consacrent, — car sinon, que leur aurez-vous appris d'utile ? — et ensuite sans demander à ceux qui achètent vos produits des conditions de prix équivalentes à celles de l'industrie; car ôtez cette conformité, et la production de votre atelier deviendra aussitôt un élément d'inégale concurrence qui, si large que soit le marché de la vente, y exercera, au détriment des ouvriers de la même profession, un inévitable contre-coup. Appliquez-vous donc à placer sans hésitation le travail de votre atelier dans des conditions véritablement industrielles.

De même, je dirai aux chefs d'établissements qui écartent toute solidarité entre l'industrie et la charité : en agençant vos outils et vos machines, laissez, je le veux, cette vertu hors de cause; mais, si vous ne lui faites sa large part, comment remplirez-vous les devoirs que Dieu vous impose envers ces hommes, ces familles, qui relèvent, par leur travail, de votre entreprise? Et si le temps vous fait défaut pour étudier au gré de votre bon vouloir les mesures à prendre, si vos ressources ne suffisent pas à les exécuter, pourquoi ne chercheriez-vous pas des exemples et une part de concours auprès de ces institutions qui ont le privilége de pouvoir tout subordonner au bien moral de ceux dont elles ont pris la charge?

L'étude des ateliers de charité va nous transporter au cœur des congrégations religieuses. Sans oublier les réserves que le principe de ces institutions me paraît comporter et dont je consigne ici la très-nette expression, c'est avec des sentiments d'universelle et de respectueuse sympathie que toutes les opinions et toutes les croyances étudient les œuvres de leur charité. Disparues un instant, avec les débris de tant d'institutions séculaires, dans la grande secousse qui a marqué la fin du dernier siècle, les congrégations renaissantes ont d'ailleurs modifié leur activité principale. Au lieu de s'adonner surtout à la vie contemplative en s'isolant du monde, elles se sont le plus souvent proposé d'en soulager d'abord les souffrances.

Là, Messieurs, dans cette voie de charité qui, sous quelque forme qu'elle se produise, reste la manifestation la plus vraie de la religion, là se trouve, je me plais à le croire, la meilleure raison de l'essor surprenant qui en soixante années a porté en France, dès l'année 1861, le nombre des seules communautés de femmes à plus de 283 associations distinctes, comprenant 364 maisons-mères, 595 maisons indépendantes, 11,050 succursales, et 90,343 membres (1).

Cette multiplicité jette dans quelque embarras l'observateur habituellement étranger à la sphère dans laquelle ces sociétés se meuvent et où elles semblent se renfermer volontiers, comme si l'affection de leurs chauds adhérents se plaisait à envelopper de quelque mystère des travaux dont la récompense, il est vrai, ne doit pas être cherchée ici-bas.

J'ai besoin de cette excuse pour expliquer les lacunes qui vont se trouver dans ce trop bref aperçu. L'omission d'œuvres dignes d'être signalées sera moins le fait de mon bon vouloir que de la modestie même de celles qui les poursuivent.

RELIGIEUSES DE SAINT-VINCENT-DE-PAUL, A PARIS.

L'humble Société des *Filles de charité*, vouée aux *Œuvres de miséricorde* dans le service des pauvres, par la pieuse veuve, élève de saint Vincent-de-Paul, qui en fut, il y a deux siècles, la fondatrice, n'a pas tardé à prendre, au point de vue de la mission intérieure, un rôle plus important que la congrégation de prêtres missionnaires (*Lazaristes*), dont elle devait rester une annexe. Partout populaires, dégagées d'ailleurs de vœux perpétuels, les *Sœurs grises* ont trouvé dans leurs œuvres un crédit qui actuellement encore, en Espagne, au sein de l'effervescence d'un mouvement populaire, leur assure le respect de tous et la plus complète liberté d'action.

C'est surtout depuis vingt ans que la congrégation, joyau précieux de la ville de Paris, qui est restée le siége de la maison mère, a pris un puissant essor. Ses membres s'élèvent aujourd'hui a près de 15,000 (2) et sont répandues, non-seulement dans les principaux états de l'Europe, mais en Orient, où elles possèdent d'importantes fondations libéralement dotées par le

(1) Ces chiffres, empruntés à la statistique générale de la France de 1861, se répartissaient de la manière suivante :

    58,883 religieuses vouées à l'enseignement;
    20,294, aux soins hospitaliers ;
     8,095, à la vie contemplative ;
     3,073, à la direction d'asiles ou de maisons de refuge.

(2) La statistique de 1861 indiquait 510 succursales et 6,295 membres en France.

Sultan, au Brésil, où elles dirigent des pensionnats prospères, en Afrique, dans les Indes, la Chine et le Japon, où elles secondent avec efficacité l'œuvre des missions étrangères.

L'éducation des filles du pauvre, des indigentes, des délaissées, des orphelines, rentrait trop directement dans la donnée fondamentale de leur institution pour qu'elles n'aient pas rendu à cet égard des services qui placent, sans contredit, leur société au premier rang. Sur les huit cents maisons qui relèvent en France de la congrégation de Saint-Vincent-de-Paul, plus de quatre cents comptent, comme annexes des *Miséricordes*, des internats où les travaux à l'aiguille sont presque toujours enseignés.

Obligé de restreindre cette étude à de brefs aperçus, je crois pouvoir ramener ces nombreuses institutions à environ cinq types.

Le premier, sur lequel je passerai rapidement, est celui des *Hospices d'enfants trouvées* ; aujourd'hui, d'ailleurs, que prévaut, avec l'inscription aux mairies, l'usage de répartir ces enfants dans des familles rurales, l'importance des maisons où ils étaient recueillis et élevés a beaucoup décru. Mais, à qui voudrait en faire une étude spéciale, je ne saurais trop recommander celle de l'hôpital confié aux soins des sœurs à Paris, *100, rue d'Enfer*, sous la direction de l'éminente supérieure qui l'administre.

Un second type, qui s'en rapproche, est celui des *Orphelinats pauvres*. Telle est, par exemple, la vaste maison installée depuis peu dans des constructions neuves et bien aménagées, *119, Chaussée-de-Ménilmontant*, à Paris : 300 orphelins de l'un et l'autre sexe y trouvent, dans des conditions fort satisfaisantes, asile et instruction.

Tel est, à *Nancy*, l'ouvroir organisé dans l'orphelinat que dirige la sœur Émilie ; 80 jeunes filles internes y sont instruites et formées aux travaux de lingerie, raccommodage, et aux soins domestiques. Tel est, à *Caen*, l'orphelinat Saint-Étienne (rue de Bayeux), fondé en 1838, par M. l'abbé Roger ; l'établissement occupe à la broderie 34 enfants, à la lingerie 65, au blanchissage et au repassage 25, et par le produit de ce travail joint à celui des jardins il suffit à lui-même, sans subvention de la ville. Tel est, à *Lille*, l'orphelinat de la rue de la Barre (90 élèves) ; deux heures sont consacrées à l'enseignement. Tels sont les orphelinats d'Algérie, notamment celui organisé dans la colonie agricole de *Mustapha*. Tel est encore l'orphelinat annexé à l'hospice *Leprince*, 186, rue Saint-Dominique, à Paris et où sont élevées 80 jeunes filles.

D'autres institutions touchent de plus près à l'apprentissage.

D'une part, ce sont les *Ouvroirs* annexés, dans les villes et les bourgs, aux maisons des sœurs et destinés, non plus d'abord à fonctionner comme asiles, mais surtout à assurer à la jeune fille, dans son instruction professionnelle, une protection contre les atteintes auxquelles les ateliers industriels la laissent trop souvent exposée.

Comme type de ces organisations, on se plaît à choisir la maison de *Saint-Aignan*. Cent-vingt jeunes filles, dont 50 internes, y sont formées avec soin aux divers travaux de couture. Des jeux et des exercices de piété réunissent le dimanche jusqu'au soir les jeunes filles du bourg. La pieuse influence de la princesse de Périgord s'unissait à celle des sœurs pour assurer le succès de leurs efforts ; son parc, aujourd'hui solitaire, est encore ouvert à leurs promenades du dimanche.

Les ouvroirs de province s'adonnent en général à des travaux de confection assez simples, pour le compte d'entrepreneurs parisiens. La chemiserie y occupe la place principale.

Tels sont les ouvroirs d'*Aurillac* (50 internes de 12 à 21 ans, ateliers de lingerie); de *Saint-Malo*, (45 internes, ateliers de broderie et couture); de *Langres*, *Limoges*, *Saint-Brieuc* et *Lamballe*, *Tours*, *Verdun*. A Paris ,les institutions de cette nature sont représentées par l'internat annexé à la maison d'Enghien, ancienne fondation pour les convalescents (rue de Picpus) et où prospère aujourd'hui (77, rue de Reuilly) le magnifique patronage que vous connaissez, s'étendant sur 600 enfants (400 jeunes filles, 200 jeunes garçons, pour la plupart employés dans les ateliers du papier peint) ; 120 internes, sur lesquelles on compte 60 jeunes filles, y sont occupés à divers travaux d'ouvroirs et notamment à l'enluminure d'estampes.

A *Beauvais* un atelier plus industriel encore est affecté à la la fabrication de brosses pour le compte de MM. Dupont et Deschamps.

A *Torteron*, près la Guerche (Cher), c'est une fabrication de ganterie qui occupe dans la maison des sœurs une trentaine de jeunes filles (1).

Dans ces diverses institutions, toutefois, l'apprentissage n'est pas enseigné sous ses formes variées, comme dans les maisons dont je dois encore vous entretenir et qui me paraissent former une classe à part, des plus dignes d'attirer votre intérêt.

L'*Orphelinat Eugène Napoléon* (254, rue du Faubourg-Saint-Antoine) occupe à cet égard le premier rang. Il y a dans ce bel et spacieux édifice, dont la façade harmonieuse s'ouvre sur la place du Trône, au milieu de jardins, de vastes cours et de corps de logis groupés à l'entour d'une élégante chapelle, une véritable école professionnelle où trois cents orphelines sont élevées et formées, par les soins habiles de contre-maîtresses techniques, aux arts les plus divers. La broderie en tous genres, la passementerie, la fabrication de fleurs artificielles, et surtout la confection en robes et les travaux de couture les plus variés en occupent avec grand succès les pupilles ; cinq vastes ateliers y font pendant aux écoles : installations magnifiques, véritablement dignes, par leurs proportions, leurs aménagements confortables et leur irréprochable tenue, du patronage auguste qui a présidé à leur organisation, et qui continue à s'exercer sans cesse, non-seulement afin de pourvoir à toutes les dépenses matérielles, mais encore afin de veiller, avec une noble sollicitude, sur le sort de ces filles du pauvre en l'assurant, autant que possible, par une éducation ferme et complète.

L'établissement des sœurs, à la *Maison-Blanche* (40, rue Vaudrezane), installé dans des proportions relativement modestes, offre néanmoins, comme œuvre de charité privée, un ensemble fort digne d'éloges. Dans cette région reculée de notre brillante capitale et qui forme, avec d'autres quartiers, un si pénible contraste, l'œil s'arrête avec charme sur la construction gracieuse, de style italien, consacrée à *l'Œuvre des jeunes apprenties et ouvrières*. Dans la vaste salle du travail, les mécaniques des piqueuses de bottines y alternent avec les tables des lingères, des couturières en nouveauté, des brodeuses de soie, d'or et de passementerie. La fabrication de fleurs artificielles

---

(1) L'atelier de ganterie de *Bidache* (Hautes-Pyrénées), dirigé par les Filles de la Croix, et celui du *Dorat* prouvent également le parti que les ouvroirs peuvent tirer de cette industrie.

s'y fait sous toutes ses formes, et comprend même les verroteries ; au-dessus s'étend le dortoir occupé par 70 lits, et que distinguent autant son irréprochable propreté que ses grandes proportions et ses aménagements perfectionnés, particulièrement celui des lavabos. Une chapelle, simplement disposée, et d'élégantes annexes complètent ce bel ensemble.

La maison des sœurs, dans la *paroisse Saint-Joseph* (2, rue Parmentier), renferme des ateliers qui, bien qu'avec moins de développements, constituent aussi, par leur réunion, une véritable école professionnelle.

La dernière catégorie d'institutions dont je doive vous entretenir est celle des internats manufacturiers conduits par les religieuses de Saint-Vincent de Paul, chez MM. *Harmel*, au Val-des-Bois, chez MM. *Hamelin*, à la Glacière et aux Andelys, *Chardin*, à Persan (Oise), *Monot*, à Pantin, *Savart*, à Saint-Michel (Aisne), et dans la filature de soie de *Renage* (Isère). Je le ferai dans un des chapitres qui vont suivre (1).

Vouées aux mêmes œuvres que les *Religieuses* de Saint-Vincent-de-Paul de *Paris*, les *Sœurs de Saint-Vincent-de-Paul* dont les maisons-mères sont à *La Roche* (Haute-Savoie), à *Besançon* et à *Strasbourg*, y dirigent, particulièrement dans cette dernière localité, des asiles internes (2).

La maison de *Sainte-Barbe*, à Strasbourg, vaste et spacieux ensemble d'œuvres organisées dans l'ancien couvent de ce nom (faubourg National), renferme 120 jeunes filles, pour la plupart orphelines, qui y sont élevées jusqu'à l'âge de dix-neuf ans, instruites dans les deux langues et formées à la couture et aux soins domestiques (tricot, lessives, repassage, préparation et cuisson du pain). De là elles passent en général trois années à la *Toussaint*, siége de la congrégation, en même temps que maison de santé, et où se forment les nombreuses religieuses qui se répandent dans la plupart des hôpitaux catholiques de

---

(1) Je dois signaler encore très-particulièrement la *Maison d'apprentis* organisée à *Lyon* (Montée Saint-Barthélemy, 15) par les soins de M. Brac de Lapeyrrière, président de la Conférence de Saint-Vincent-de-Paul, et placée sous la direction des Sœurs. Annexe de l'internat d'Oullins, cette maison réunit tous les soirs et loge 80 enfants de l'orphelinat, entrés comme externes dans les ateliers de Lyon.

Les Maisons de sourdes et muettes d'*Arras*, de *Montpellier*, les Colonies-agricoles de *Pau, Servas et Courbessac* (Gard), doivent également être au moins rappelées pour leur belle tenue et leur succès.

(2) 1,174 membres.

l'Alsace et au-delà du Rhin, à Calsruhe, Stuttgart, Munich, etc.
Les orphelines s'y perfectionnent dans les détails du ménage,
et y achèvent leur éducation comme cuisinières, femmes de
chambre, repasseuses ou couturières (1).

SOEURS DE SAINT-JOSEPH AUX CHARTREUX, A LYON.

Au second rang, comme importance, dans l'ordre d'intérêts
qui nous occupe, je crois devoir vous signaler la congrégation
de Saint-Joseph aux Chartreux. Spécialement vouée à l'éducation
des jeunes enfants pauvres, cette association, à côté de salles
d'asile, de refuges, d'hospices, d'une maison pour les femmes
aliénées, de quelques pensionnats et d'externats nombreux,
dirige vingt et un ouvroirs internes.

Ce sont d'abord quatorze *Providences* pour les enfants orphelins et sans ressources; six sont à *Lyon*, deux à *Saint-
Etienne*, les autres à *Tarare, Saint-Chamond, Bédarieux, Villefranche* et *Bességes*, pour les filles des ouvriers mineurs (30
élèves). Ces établissements renferment ensemble 180 jeunes
filles. Les providences de *Saint-Bruno*, place d'Armes (40 élèves), de *Fourvière*, rue du Juge-de-Paix (40 élèves), de *Saint-
Pierre*, rue Luizerne (30 élèves) et de la *Guillotière*, rue Neuve
(40 élèves), méritent d'être spécialement mentionnées pour la
perfection du travail dans la confection des objets de lingerie.
On doit en dire autant de ceux de *Saint-Chamond* et de *Tarare*
(30 élèves).

Viennent ensuite trois asiles: 1° L'asile des *jeunes incurables
de Vaise*, à Lyon, rue de la Claire (OEuvre de la Providence
Sainte-Elisabeth), renferme 140 élèves. Les moins infirmes sont
ouvrières en aiguilles et en épingles à tête d'émail, dans un
atelier spécial dépendant de la fabrique de M. Teste, créé en
1844. L'asile se compose de bâtiments bien aménagés, prome-
noirs couverts, chapelle, etc. (2).

(1) L'établissement de *Saint-Charles*, organisé près de la Robertsau, complète l'ensemble des OEuvres dirigées par la Congrégation. 24 orphelins y sont
élevés, et suivent, de là, divers apprentissages à Strasbourg. Ils partent le
matin avec leur déjeuner, dînent à la Toussaint d'où ils emportent le goûter,
enfin rentrent à *Saint-Charles* pour souper.

(2) Le produit du travail, auquel coopèrent en moyenne 110 jeunes filles,
s'élève à 1,400 francs par mois et défraie la moitié des dépenses. Le reste est
couvert par des souscriptions, quêtes, loteries, et par le prix d'admission qui
est de 200 francs par infirme.

2° L'asile des *jeunes incurables d'Ainay*, rue Adélaïde-Perin à Lyon, compte 100 élèves. Elles mettent en livraison les Annales de la Société pour la propagation de la Foi.

3° L'asile des sourds et muets de *Lyon* (*à la Duchère*, Vaise): 60 élèves s'y occupent de lingerie.

Ces institutions fonctionnent dans les meilleures conditions, avec le concours dévoué de dames patronnesses.

A cette liste il faut ajouter deux refuges, l'un à *Lyon*, *rue Montauban*, pour les prisonnières libérées (l'établissement en compte actuellement 55); l'autre, pour les repenties sans asile, à *Saint-Etienne*, au nombre, cette année, de 150.

Ces deux ouvroirs s'occupent avec succès de travaux de lingerie.

Les Sœurs de Saint-Joseph n'ont pas craint d'apporter à l'industrie un concours plus direct, en acceptant de diriger les ateliers de femmes de deux fabriques, celle de M. *Petrus-Martin*, à Tarare, et celle de M. *Vignat*, à Bourg-Argental. Ces institutions ont trop d'importance pour ne pas nous occuper spécialement dans un des chapitres qui vont suivre.

La congrégation de *Saint-Joseph de Chambéry*, celle de *Bordeaux*, celle de *Clermont* et celle de *Tazaguet* (Hautes-Pyrénées), possèdent également quelques œuvres de même nature.

RELIGIEUSES DES SAINTS-CŒURS DE JÉSUS ET MARIE,
A RECOUBEAU (DRÔME).

Congrégation fondée pour la surveillance des ateliers séricicoles. Il en sera parlé à l'occasion des ateliers industriels placés sous la direction de ses membres (p. 51).

RELIGIEUSES DU SAINT-CŒUR DE MARIE, à NANCY.

Parmi les associations qui se sont fait un but de recevoir au milieu d'elles des jeunes filles appartenant à la vie laïque pour les former au travail en même temps qu'à la prière, double activité dont l'union reste l'idéal de toute vie humaine, il en est peu qui me paraissent s'être plus clairement proposé cette mission qu'une congrégation, d'ailleurs peu nombreuse, fondée en 1845 à NANCY, par *Mme de Gondrecourt*, celle des religieuses du Saint-Cœur-de-Marie, que Mgr Menjaud, leur premier supérieur, se plaisait plus volontiers à appeler : ses *sœurs de l'industrie* (1).

Toute la communauté compte à peine cent membres, et les succursales de la maison de Nancy, à *Vic et Baccarat (Meurthe)*, *Remoncourt et Bussang (Vosges)*, *Boulogne-sur-mer*, *Chuselan (Gard)*, *Franois (Doubs)*, *Paris* (rue Perceval, 22), où des ouvroirs internes sont établis, ne s'élèvent qu'au chiffre de 10; il faut y ajouter, à Nancy, *l'ouvroir de Saint-François-de-Sales*, externat pour les jeunes filles pauvres. Mais ce nombre restreint crée lui-même à l'association un avantage qui me paraît ici considérable : c'est de la laisser, dans toutes ses œuvres, sous l'influence de la directrice, sous le levier de l'action personnelle, plus efficace que toutes les règles; et cette action, — là est pour nous son meilleur titre, — ne s'enferme pas dans l'enceinte de la maison; elle se répand sur un peuple de jeunes filles, qui, bien qu'internes, peuvent chaque jour voir leurs parents et auxquelles on ne craint même pas de laisser se mêler, pendant les heures du travail, quelques externes. C'est ainsi que la communauté entière forme une famille où tous les âges comme tous les rangs se rencontrent.

---

(1) L'institut du Saint-Cœur de Marie, dit le 2e article des règles, a pour fin, « non-seulement la sanctification des âmes qui s'y consacrent à Dieu, mais » encore *celle des jeunes filles de la classe industrielle auxquelles elles se dé-* » *vouent.* »

Le nom de religieuses du *Saint-Cœur de Marie* a été choisi pour rappeler sans cesse à ses membres que leur vie, « comme celle de la Vierge Marie à » Nazareth, doit s'écouler dans *le travail* et l'union avec Jésus-Christ..... » Avec Marie et Joseph, elles travailleront pour gagner la vie de Jésus et le » faire croître dans les jeunes âmes que Dieu leur a confiées. »

Lorsqu'en 1842, Mgr Menjaud fondait la communauté, il en formulait le but en ces termes : « On ouvre assez de maisons pour ramener au bien les jeunes filles qui se sont égarées; je préfère en fonder une dans l'effet de les conserver pures. *On y réunira les divers apprentissages des ouvrages par lesquels elles peuvent gagner leur vie.* » Et il rappelait ces paroles de saint François de Sales : « Que je serais consolé si, avant de mourir, je pouvais » voir en l'Église de Dieu une société de filles et de femmes où l'on ne portât » d'autre dot qu'une bonne volonté et *l'industrie de gagner sa vie du travail* » *de ses mains*, et qui pour cela n'eût point *d'autre chœur que la salle de* » *travail*; où, toutes ensemble participassent à la félicité dont parle le pro- » phète : « Vous serez bien heureux si vous mangez le fruit des travaux de » vos mains. » Mon Dieu! la grande consolation de manger son pain à la » sueur de son visage, et de pouvoir dire avec le grand apôtre : « *Voilà des* » *mains qui non-seulement m'ont fourni les choses nécessaires, mais encore,* » *à ceux qui souffraient, la nécessité.* » Cette pauvreté est plus exquise devant » Dieu que tous les trésors de la terre. C'est en cela que consiste proprement » la vraie pauvreté évangélique.... » Nobles paroles, qu'au milieu du mouvement moderne on ne saurait trop rappeler.

Il faut, pour le bien comprendre, avoir visité la maison-mère dont la façade aux vingt-huit fenêtres, fièrement assise d'un côté sur la rue du Haut-Bourgeois, s'ouvre de l'autre sur de riants jardins. La simplicité habituelle à ces établissements y règne, mais sur les murs blancs se détachent, comme l'ornement le mieux approprié, des passages de l'Évangile choisis avec tact. Dans la vaste salle réservée au travail, les tables des lingères, tailleuses, repasseuses, s'y succèdent à celles où des arts plus difficiles sont enseignés : ici c'est la broderie d'or et de soie, plus loin, la confection de fleurs artificielles, la peinture de vignettes, miniature, manuscrits (1). Mais partout aux robes bleues des religieuses et des novices s'entremêlent les robes grises des apprenties internes et le costume divers de quelques apprenties externes. Une impulsion vigilante et sereine anime le travail, car la mère a sa place au milieu de ses filles et sa table d'atelier où, en compagnie de quelques sœurs, elle donne à toutes l'exemple de l'activité pratique, répandant sur celles qui l'entourent quelque chose de cette distinction qui s'attache à un si haut point à sa personne et qui semble lui avoir fait trouver dans la piété une seconde et meilleure noblesse.

FILLES DE LA CROIX, DITES SŒURS DE SAINT-ANDRÉ, A POITIERS.

Fondée en 1818, à Maillé (Vienne), développée à Béthines, la Congrégation transféra ensuite son siége à la Puge, près Poitiers, puis institua à Paris une maison centrale pour les œuvres de la capitale et des départements du Nord. Ses *Maisons de providence* pourvues d'ouvroirs sont spécialement réservées aux orphelines. Admises à 6 ou 7 ans, elles en sortent à 18, parfois à 20 ans.

Parmi ces institutions il convient de signaler celles d'*Angoulême*, de *Pamiers*, de *Toulouse*, d'*Ivry*, qui comptent toutes de 70 à 80 orphelines; celles de *Poitiers*, de *Niort*, de *Bayonne*, etc., 30 à 40 élèves internes (2).

(1) 45 internes à Nancy ; produit des ateliers, 13,000 francs. A côté de travaux plus usuels, on peut remarquer des enluminures de missels faites avec beaucoup de goût.

(2) Ouvroirs externes : *Poitiers* (40 élèves); *Bayonne*, deux ouvroirs (50 à 60 et 30 à 60 élèves); *Pau* (50 à 60); *Tarbes*, deux ouvroirs (25 à 30 et 45 à 50); *Salies-de-Béarn* (40 à 50); *Bidache*, Basses-Pyrénées (30 à 60 élèves, atelier de ganterie); *Oleron* (30 à 40); *Dax* (20 à 25); *Saint-Paul-les-Dax*, Landes (20 à 25); *Maubourguet*, Hautes-Pyrénées (20 à 25).

La congrégation des Filles de la Croix compte 269 succursales et 909 membres, sur lesquels 800 environ sont voués à l'enseignement (7,080 élèves).

L'ouvroir du *Cloître Saint-Aignan*, à Orléans, dit 'Grande-Providence, mérite aussi d'être particulièrement signalé pour sa bonne direction. Administré longtemps par la sœur Flavien, aujourd'hui par la sœur Ragès, avec le concours zélé d'un comité de dames patronnesses, il compte 82 jeunes filles.

L'instruction primaire, mérite trop rare, y est fort satisfaisante; une des élèves vient d'être reçue avec succès à l'école normale. La tenue de l'établissement se distingue par l'ordre et la propreté. Le travail s'y fait dans les meilleurs conditions; les ateliers de lingerie ne produisent pas moins de 14,000 francs.

FILLES DE LA SAGESSE, A SAINT-LAURENT-SUR-SÈVRE (VENDÉE) (1).

L'importance des établissements dirigés par la congrégation des Filles de la Sagesse vous a été déjà signalée et votre société a donné l'une de ses récompenses à l'orphelinat des *Saints-Anges*, situé à Paris, 183, rue de Vaugirard (passage du Lac, 7), et où 90 jeunes filles reçoivent une instruction à la fois primaire et professionnelle.

A *Nantes*, quatre ouvroirs internes sont dirigés par la même Congrégation. Le plus important est la *Maison de la Providence*, qui contient 100 élèves (2).

Orléans en compte trois (3).

Je dois mentionner encore les maisons d'instruction et de charité d'*Angoulême* (60 internés, 500 externes); de *Versailles*, rue Montreuil (40 internes, 220 externes); celle de *Dinan* (48 internes, 250 externes); de *Cadillac* (Gironde), 35 internes; l'ouvroir de *Saint-Nazaire* (24 internes), la maison de la Providence de *Châtellerault* (30 internes), etc. (4).

La Congrégation dirige en tout vingt institutions comprenant

(1) *Maison-mère à Saint-Laurent-sur-Sèvre* (Vendée), 25 succursales, 2,040 religieuses, dont 1,286 enseignantes. Nombreux établissements en Belgique. A *Roubaix*, les écoles des Sœurs comptent plus de 3,000 élèves.

(2) Les autres institutions de Nantes confiées aux soins de la même congrégation sont la *Maison d'instilution de Sainte-Marie*, à laquelle est annexé un asile (45 internes, 200 externes); *l'Orphelinat Saint-Anne*, annexé à l'Hôtel-Dieu (40 internes); *l'asile Saint-Donatien* (33 internes, 200 externes).

(3) Les maisons d'instruction de la paroisse *Saint-Paul* (20 internes, 200 externes), de la paroisse *Saint-Pierre-le Puellier* (30 internes), de la paroisse *Saint-Paterne* (200 externes).

(4) Je dois citer aussi l'orphelinat agricole de *Saint-Quihouet*, près Plaintet (Côtes-du-Nord), qui occupe 52 jeunes filles.

huit cents jeunes orphelines ou indigentes internes. Quant aux asiles, le nombre de leurs élèves est de 10,424, réparties entre 45 établissements.

FILLES DU SAINT-ESPRIT, A SAINT-BRIEUC.

La congrégation des Filles du Saint-Esprit, dont la maison principale est à *Saint-Brieuc*, compte, dans les 206 maisons qu'elle dessert en Bretagne, une vingtaine d'ouvroirs pour la plupart externes, qui fonctionnent généralement avec succès, notamment celui de *Ploërmel* (1).

Parmi les ouvroirs internes, trois doivent être particulièrement signalés : celui de *Rostrenen* (18 élèves); celui de *Ploërmel*, organisé à côté de l'externat, en faveur des enfants de l'hospice (24 internes); enfin celui de *Poul-ar-Bachet* (Finistère) : 45 enfants, livrées précédemment au vagabondage, y sont recueillies, formées avec soin à l'instruction et au travail, et placées enfin comme domestiques et ouvrières. C'est une œuvre de relèvement digne des plus grands éloges.

L'ouvroir interne de *Landivisiau* (Finistère) est voué au même but; mais, dénué de ressources suffisantes, il ne se soutient que par un travail parfois excessif.

SŒURS DE LA CHARITÉ ET INSTRUCTION CHRÉTIENNE, A NEVERS.

Fondée en 1811, la congrégation des Sœurs de Nevers s'est vouée à l'éducation des jeunes filles de la classe ouvrière et son œuvre a pris un remarquable essor.

30 ouvroirs internes et orphelinats réunissent sous sa direction 1,223 jeunes filles internes. Un nombre égal d'ouvroirs externes en occupent 800 autres (2).

Parmi ces établissements, à l'un des premiers rangs se place l'institution impériale de *Bordeaux* (110 orphelines). Dans la

---

(1) On doit encore signaler les suivants : COTES-DU-NORD, *Tréguier* (30 élèves), *Lannion* (24), *Etables* (30), *Pordic* (25); — FINISTÈRE, *Quimper* (50), *Saint-Pol-de-Léon* (20); — MORBIHAN, *Ploërmel* (40); — ILLE-ET-VILAINE, *Labouexière* (24).

La communauté compte 579 membres, sur lesquels 381 sont vouées à l'enseignement.

(2) La congrégation dirige en outre 128 asiles suivis par 1,237 enfants. Elle compte 209 succursales et 1,440 membres.

même ville, 45 enfants pauvres sont élevés par les soins des religieuses aux frais d'un Comité de dames patronnesses. A *Nevers,* c'est l'œuvre dite des *Jeunes économes* qui entretient un ouvroir interne de 82 élèves. Celui de *Nevers* (82 orphelines) est une fondation des hospices. Trois autres à *Mâcon, Montpellier, Varennes* (Nièvre) sont composés chacun de 50 filles du refuge.

Mais le plus grand nombre des ouvroirs internes sont soutenus par le produit des établissements d'éducation destinés aux enfants des classes moyennes et dirigés dans les mêmes localités par les sœurs.

Tel est le cas pour l'ouvroir de *Châlon–sur–Saône* (64 internes, 30 externes), de *Lectoure* (55 internes, 22 externes), de *Lodève* (32 internes), de *Périgueux* (40 internes, 25 externes), de *Tulle* (20 internes, 25 externes), de *Varennes*, de *Villefranche*, etc. (1).

Je dois appeler encore votre intérêt sur l'ouvroir établi dans l'Asile des sourdes et muettes à *Bordeaux*; 38 jeunes filles atteintes de cette double infirmité s'y entretiennent en bonne partie par leur travail. Une quête journalière subvient au reste de la dépense.

SŒURS DE LA PROVIDENCE.

Dans cette course trop rapide, permettez-moi de m'arrêter avec quelques détails sur l'*École des dentellières de Dieppe*, que vous avez déjà distinguée, et qui offre un type assez distinct des précédents.

Fondée à Dieppe en 1826, reconnue en 1854, comme établissement d'utilité publique, l'école réunit aujourd'hui, dans l'ensemble d'œuvres assez complexe groupées dans la maison que dirigent les Sœurs de la Providence, 600 enfants et jeunes filles, parmi lesquelles on compte des orphelines internes.

Des administrateurs laïques interviennent dans la direction professionnelle des ateliers d'apprentissage et le travail industriel y est pratiqué avec assez de succès pour que ses produits aient obtenu aux expositions universelles d'honorables distinctions.

---

(1) Parmi les ouvroirs externes les plus prospères, il convient de citer ceux de *Varennes* (64 élèves), *Mauléon* (56 élèves), *Mauvezin, Gaillac, Fourchambault.* Ces trois derniers comptent de 30 à 40 élèves.

En substituant le point de Valenciennes à celui de Dieppe, l'école a renouvelé et perfectionné dans le département une industrie qui lui échappait.

Mais c'est en particulier dans l'*atelier-école* institué en 1859 *pour la fabrication et le raccommodage des filets de pêche* que l'alliance trop rare de l'habileté professionnelle à la direction religieuse s'est montrée féconde en heureux résultats.

Les filles de pêcheurs, auxquelles l'atelier est spécialement destiné, y apprennent, par les soins d'une maîtresse ramendeuse et avec le concours moral des religieuses, tout ce qui concerne le laçage et le raccommodage des filets. Un comité d'armateurs et de patrons a pris en main l'administration de l'atelier et en gouverne le travail avec cette compétence et cette fermeté qui manquent parfois à la bienfaisance entièrement laissée à elle-même.

Soixante-quinze jeunes filles sont déjà sorties de cette école, rapportant au foyer du marin, avec l'instruction primaire, l'habitude pratique d'un art particulièrement utile au succès de sa profession.

L'éducation des apprenties est gratuite; le laçage, dès qu'elles s'en acquittent avec quelque adresse, leur est payé à raison de 10 francs les 120 mètres, prix de façon conforme aux usages.

Pendant la saison des harengs, l'atelier se charge à forfait du ramendage des filets de quelques patrons, et le bénéfice de l'entreprise est réparti entre les jeunes ouvrières.

Si parfois il arrive qu'au fort de la saison, un patron soit dans l'impossibilité de raccommoder ses filets aussi promptement que les besoins de la pêche l'exigent, l'atelier-école lui envoie, à sa demande, une équipe de petites ramendeuses. L'apprentie, une fois son éducation finie, reçoit de l'école, en la quittant, un présent qui consiste habituellement en 120 mètres de rets neufs. Confiés à quelque patron, ils rapportent à la jeune ouvrière une part dans les bénéfices de la barque.

Quant aux orphelines, un salaire fixé par le Conseil d'administration, que préside le maire de Dieppe, leur est alloué pendant les trois années qui précèdent leur sortie. Mis en réserve, il forme, avec les intérêts, un précieux pécule (1).

---

(1) Je n'oublierai pas de mentionner le dispensaire annexé à l'école, et dirigé par les soins habiles et renommés de la sœur Hubert.

Quant au produit des ateliers de dentelle et de couture, il s'élève à 10,000 francs par an, représentant environ 100 francs par élève.

Parmi les diverses maisons religieuses dont les membres se partagent le nom de *Sœurs de la Providence* (1) se place à un rang distingué la maison de *Ribeauvillé*. Son œuvre principale est un orphelinat qu'elle s'est annexé depuis 1851, acceptant la suite de l'entreprise généreuse commencée au *Willerhof* par M. Mertian. Cet établissement, dont la congrégation supporte aujourd'hui toute la charge, est devenu l'un des plus importants du Haut-Rhin. Cent cinquante jeunes filles, venues des différents points de l'Alsace, s'y trouvent réunies. Admises dès l'âge de 5 ans, elles en sortent à 15 ans, pourvues d'un pécule et d'un trousseau. Aussitôt après leur première communion, les orphelines sont formées à la couture, au blanchissage, au repassage ; quelques-unes même à des travaux agricoles faciles. La maison s'applique à les placer comme servantes ou femmes de chambre, suivant leurs aptitudes et leur remet un trousseau et un léger pécule. D'affectueuses relations subsistent entre les maîtresses et les anciennes élèves qui reviennent fréquemment à l'hospitalier asile pour y prendre quelques jours de repos.

La maison a également un *ouvroir* pour les *jeunes détenues*, qui fonctionne avec succès.

SOEURS DE SAINT-PAUL, DE CHARTRES.

Société à la fois enseignante et hospitalière, la communauté de Saint-Paul de Chartres, dite de *Saint-Maurice*, dirige plusieurs ouvroirs avec la modestie et le dévouement qui distinguent ses œuvres.

Ce sont d'abord des orphelinats : à Chartres, ceux annexés aux hospices, l'un sur *Saint-Pierre*, l'autre au *faubourg Saint-Brice* : à Paris celui de *Grenelle* (rue Violet, 57) ; d'autres à *Meulan* et à *Châteaudun*. Le chiffre des élèves y varie entre 30 et 50.

Ce sont ensuite des ouvroirs internes, notamment à *Angerville*,

(1) On compte sous ce titre 29 maisons-mères ou indépendantes : *Portieux* (Vosges), *Ruillé-sur-Loir* (Sarthe), *Saint-Jean-de-Bassel* (Meurthe) *Rouen, Gap, Langres, Alençon, Seez*, etc. Celle de Ribeauvillé s'appelle spécialement congrégation de la *divine Providence* et compte 247 succursales en Alsace et 964 membres. L'ensemble des congrégations dites de la Providence embrasse 4,859 membres vouées à l'enseignement, 577 aux soins hospitaliers, soit un ensemble de 5,533 religieuses.

Arpajon, Courville, Dourdan, Châtenay (1). De ce nombre est l'institution de *Menars* (Loir-et-Cher). Cet ouvroir, fondé en 1840 par le prince de Chimay et géré à ses frais, ne compte pas moins de 125 élèves tant internes qu'externes et fonctionne particulièrement avec succès.

SŒURS DE SAINT-CHARLES.

Cette congrégation qui occupe au milieu des communautés religieuses une place si justement appréciée, et dont les sœurs de Nancy vont jusque dans un hôpital de Berlin soutenir la bonne renommée de la charité française, compte à titre d'institutions annexes quelques œuvres rentrant dans le cadre de cette étude.

Telle est la *Maison Sainte-Marie*, fondée en 1840 à Nancy par M. l'abbé Berman. Emu de la situation des pauvres filles des campagnes de la Lorraine allemande et de l'Alsace, il les réunit dans un asile, dirigé après sa mort, en 1855, par les sœurs de Saint-Charles, et où 80 jeunes filles sont formées aux travaux à l'aiguille et à ceux du ménage.

Dans une annexe, 28 domestiques sans ressources reçoivent une hospitalité temporaire, couvrant en partie leurs dépenses par les produits de leurs travaux de couture.

A *Metz*, un asile a été également organisé par leurs soins et fonctionne comme ouvroir interne.

L'établissement de *Montpellier*, qui relève de la maison mère de *Lyon* a réuni, à coté de ses pensionnats et externats, un ouvroir prospère auquel est annexé un orphelinat (2).

FILLES DU DIVIN-RÉDEMPTEUR, A NIEDERBRONN (BAS-RHIN).

Cette congrégation, fondée en 1849 par Mme Eppinger, est spécialement vouée au soin des malades pauvres à domicile ; toutefois elle dirige aussi en France deux ouvroirs internes, principalement destinés à des orphelines qui y sont formées aux divers

---

(1) La communauté compte 103 succursales et 574 membres ; elle entretient des ouvroirs externes à *Dreux, Zéliers, Sainte-Luperce, Nogent-le-Roy, la Motte*, etc. Elle dirige des asiles, de nombreuses écoles.

(2) Les sœurs de Saint-Charles relèvent de 5 maisons-mères : Nancy, Lyon, Angers et Conflans (320 succursales et 2,756 membres.)

travaux à l'aiguille, au tricot, au raccommodage, à la broderie, à la confection d'ornements d'église.

Le premier est à *Mulhouse :* sur 140 jeunes filles, 40 y sont employées à l'ouvroir. Le second est à *Guebwiller :* sur 60 élèves, l'ouvroir en occupe 20.

La congrégation étend son action sur l'autre rive du Rhin, et a fondé des institutions de même nature à *Rastadt* et à *Munich* (1).

Enfin elle vient d'apporter son concours à *M. Muller,* fabricant de briques creuses, dans l'intéressante institution qu'il a annexée à un établissement industriel et dont il va vous être spécialement rendu compte.

SŒURS DE SAINT-JOSEPH DE CLUNY.

Quelques orphelinats et ouvroirs sont placés sous la direction de cette communauté (2).

L'orphelinat de *Meaux* compte une trentaine de jeunes filles ; celui de *Maisons-Alfort* est à son début. Mais à *Alençon,* 80 orphelines travaillent, dans la maison des sœurs, à la couture, au blanchissage du linge et sont formées aux soins du ménage. Deux heures par jour y sont réservées à l'instruction.

Au *Ménil-Saint-Firmin* (Oise), 40 orphelins âgés de quatre à douze ans, 15 orphelines de cinq à seize ans, sont occupés, sous le patronage de la Société d'adoption, à la culture du jardin, suivant leur âge et leurs forces, aux soins d'une basse-cour, et pendant quelques heures par jour, à un petit travail d'atelier, la confection de brosses à peignes. Quand les orphelins ont atteint l'âge de douze ans, la Société d'adoption les place dans une ferme-école. L'heureuse organisation de cet établissement mérite autant d'intérêt que sa bonne direction.

______

(1) 31 succursales en Alsace et en Lorraine ; 298 membres en France. La congrégation a pris en Bavière d'importants développements. Une communauté de frères, appelés en religion *Fils du Divin Rédempteur,* s'occupe de travailler les terres données à la maison-mère et d'y organiser, en recevant des orphelins, des colonies agricoles. (Fermes de Niederbronn, de Singlingen à Grosrederschingen, Moselle.)

Voir sur cette congrégation les détails donnés par M. Reboul-Deneyrol dans son étude sur la bienfaisance, l'une de celles qui composent le remarquable ensemble publié sous la direction de M. le conseiller d'Etat Migneret, alors préfet de Strasbourg. (*Description du département du Bas-Rhin.*)

(2) 57 succursales, 919 membres.

SŒURS DE LA CROIX (1).

Fondée en 1835, à Strasbourg, par les *Dames de Glaubitz*, l'œuvre des Sœurs de la Croix y a pris pour objet spécial l'éducation de jeunes filles pauvres ou orphelines. Elle leur apprend à filer, coudre, tricoter, blanchir le linge, repasser, tenir un appartement; tout ce qui est nécessaire à préparer des femmes de chambre et des bonnes d'enfants.

Des détenues y ont été placées par la commission des prisons à raison de 50 c. par jour. Leur nombre s'élève actuellement à plus de 100. Elles sont concentrées dans un établissement annexe, organisé au village du *Neuhof*, près de Strasbourg.

L'établissement de la ville (*rue de la Toussaint*) possède plusieurs ateliers professionnels très-populaires à Strasbourg et où sont employées 70 jeunes filles. Elles y restent jusqu'à l'âge de 21 ans. Le produit du travail atteint 5,500 francs. La dépense n'est que de 148 francs par élève.

Une succursale à *Colmar* y a également organisé un ouvroir interne auquel votre Société a décerné l'année dernière une de ses récompenses.

SŒURS DE LA PRÉSENTATION DE LA SAINTE-VIERGE, A TOURS (2).

Diverses œuvres d'apprentissage sont desservies avec succès par cette congrégation.

Tout d'abord il faut placer les deux suivantes :

1° L'*institution de Saint-Louis-d'Antin*, à Paris, 64, rue de Clichy. Fondée par Mme Barthélemy, continuée par Mme la marquise de Dampierre, elle compte en ce moment 77 enfants internes de 5 à 20 ans, appartenant à la classe ouvrière, orphe-

---

(1) Maisons-mères, 7 ; succursales, 60 ; maisons indépendantes, 16.

Sœurs enseignantes.........	653
» hospitalières.........	77
» contemplatives........	30
» dirigeant des asiles....	69
	829

(2) Maison-mère à Saint-Symphorien, près Tours : 117 succursales, 760 membres.

fines et pauvres. A leur sortie elles sont placées soit dans le commerce, soit comme couturières ou domestiques.

2° L'orphelinat de *Montbeton* (Tarn-et-Garonne), institué par M. le marquis de Bellissens, dans une dépendance de son domaine : entreprise privée, généreusement soutenue au seul compte du fondateur, cet asile reçoit 80 jeunes filles et lorsque les constructions, qui sont actuellement en cours, seront terminées, il en comptera cent. Les élèves y sont formées à la couture, ainsi qu'aux soins pratiques du ménage, y compris la basse-cour, la paneterie, le jardinage.

L'orphelinat de *Montauban*, compte 50 élèves qui sont formées aux travaux de l'ouvroir avec succès ; celui *d'Auxerre* (paroisse Saint-Pierre) est entretenu au compte d'une association de jeunes filles qui en a fait son œuvre particulière (50 orphelines); celui de *Bordeaux*, fondé par les soins du curé de Saint-Bruno, compte le même nombre d'élèves et fonctionne également dans de bonnes conditions.

On doit citer encore les ouvroirs internes de *Villeneuve-sur-Lot* (24 élèves), *Meudon* (20), *Joigny* (20), et *Saint-Yrieix* (28) (1).

SOEURS DE LA PRÉSENTATION DE MARIE, A BOURG-SAINT-ANDÉOL (2).

Fondée en 1796 par Mme Rivier, à *Thueyts* (Ardèche), la congrégation appliqua ses soins, dès le principe, à l'œuvre des orphelines. En 1838, lors du décès de sa première directrice, huit années après la reconnaissance légale de l'association, le nombre des enfants gratuitement élevées s'élevait à 500.

L'orphelinat transféré avec la maison mère, en 1819, à *Bourg-Saint-Andéol*, renferme 80 jeunes filles dans des locaux spacieux situés au milieu d'un vaste enclos. Un ouvroir, suivi par 40 jeunes filles et où l'on forme des trousseaux complets, les habitue aux divers travaux de couture et de coupe. Les élèves sont conservées autant que possible dans la maison jusqu'à 21

(1) A *Orléans*, 12 enfants sont élevées spécialement pour être mises en service. Les travaux du ménage y occupent plus de place que ceux de l'ouvroir.
— A *Huisseau*, en Beauce, 15 enfants sont préparées plus particulièrement à devenir servantes de fermes, et formées aux soins agricoles.

(2) 618 succursales ; 1,118 membres ; 400 élèves dans les ouvroirs ; nombreuses salles d'asile.

ans ; avant leur sortie on leur donne quelques notions de cuisine et de repassage, un trousseau, et l'association leur accorde son patronage pour les placer en service. Parfois elles entrent, en qualité de converses, dans le tiers ordre de la congrégation.

Des ateliers analogues ont été organisés dans les autres établissements et ouvroirs, notamment dans les orphelinats d'*Alais* (depuis 1824 ; 100 élèves, vaste bâtiment), d'*Orange* (depuis 1839), dans les ouvroirs annexés aux maisons de *Moulins*, d'*Aix*, *Milhau*, *Saint-Julien*, *Vallon*, etc. Les élèves y restent en général jusqu'à leur majorité pour sortir ensuite comme ouvrières ou servantes, quelques-unes comme sœurs professes.

Parmi ces dernières institutions l'une des plus dignes d'intérêt est la *Maison des sourdes et muettes* que la congrégation dirige *au Puy* depuis 1840. L'ouvroir de lingerie est devenu, par les développements qu'il a pris, une des ressources principales de cet établissement.

SŒURS DE L'IMMACULÉE-CONCEPTION (1).

La congrégation des Sœurs de l'Immaculée-Conception, souvent appelées du nom populaire de *Sœurs bleues*, est vouée à des œuvres de charité diverses, et compte quelques ouvroirs externes qui fonctionnent avec succès ; parmi ces institutions il convient de citer au premier rang celle qui relève de la maison de *Bordeaux* (paroisse Saint-Bruno). Un seul ouvroir interne est dirigé par les membres de l'association : celui de *Vitry-le-Français*. Quelques asiles ont été toutefois organisés par leurs soins dans la Gironde.

RELIGIEUSES DE LA NATIVITÉ DE LA SAINTE VIERGE, A SAINT-GERMAIN-EN-LAYE.

Vouée à l'instruction de la jeunesse, cette congrégation, qui a sa maison-mère au *monastère de la Nativité de la sainte Vierge, à Saint-Germain-en-Laye*, compte, annexés à ses pensionnats et à ses écoles externes, dans ses diverses succursales, des

---

(1) 13 maisons-mères. Celle de Bordeaux est la plus importante ; puis viennent celles de Castres, etc. La congrégation comprend 213 succursales et 1,207 membres.

établissements portant le nom d'*Ouvroirs*, internats où les enfants consacraient la plus grande partie du jour aux travaux à l'aiguille, mais qui se sont graduellement transformés en pensionnats d'instruction élémentaire. Tels sont les ouvroirs de la *maison-mère*, du couvent de *Poulleron* (Loir-et-Cher), du second pensionnat de *Romorantin*.

A *Pont-à-Mousson* (Meurthe), à côté toutefois de l'établissement *d'instruction*, un *orphelinat* a été organisé, et l'éducation des enfants a conservé un caractère spécialement professionnel. Les élèves y sont exercées avec succès aux travaux à l'aiguille, aux soins du repassage, du ménage, de la cuisine, etc.

CONGRÉGATIONS DIVERSES.

Plusieurs des congrégations spécialement vouées à l'instruction primaire ont exceptionnellement organisé un enseignement professionnel.

Parmi ces associations il convient de citer les *Sœurs des écoles chrétiennes de la Miséricorde*, dont la maison-mère est à *Saint-Sauveur-le-Vicomte* (Manche) (1), et qui ont ouvert à Vaugirard un établissement important ; dans leur maison *d'Amiens*, des internes sont employées au raccommodage des parapluies. On peut mentionner encore l'ouvroir interne de *Vilaine* (Seine-et-Marne), etc.

Les Sœurs de la doctrine chrétienne, à Nancy, comptent parmi les institutions de cette nature l'ouvroir Saint-Joseph à Saint-Nicolas-du-Port (Meurthe), dirigé par la sœur Célestine Mogin, qui continue avec autant de tact que de dévouement son patronage aux jeunes ouvrières qu'elle a formées. La maison-mère de *Bordeaux* s'est annexé un asile qui fonctionne avec succès comme ouvroir interne.

Les *Petites servantes de Marie Immaculée*, à Gaudechart (2), dirigent un atelier affecté à la fabrication des brosses pour le compte de MM. Dupont et Deschamps, de Beauvais.

(1) 295 religieuses.
(2) 5 succursales, 40 religieuses.

Les *Dames du Sacré-Cœur* (1) ont elles-mêmes annexé à leurs établissements d'éducation quelques classes d'instruction et de travail pour les jeunes filles pauvres ; telles sont celles de l'établissement situé près de Perpignan.

A Blois, les *Sœurs servantes de Marie* (2) ont organisé un ouvroir pour les domestiques sans place.

Les *Sœurs de la Foi* ont à Nancy un orphelinat où 18 jeunes filles sont exercées, sous la direction de la sœur Robin, à la couture, au repassage et aux divers soins domestiques, etc.

On peut mentionner à de mêmes titres les établissements des *Capucines*, à Troyes ; des *Franciscaines*, à Blanzy ; des *Religieuses de Nazareth*, au Bouchet (Drôme) ; des *Religieuses de la Miséricorde*, à Bordeaux ; des *Religieuses de Notre-Dame du Calvaire*, à Paris ; des *Sœurs de l'Ange-Gardien*, à Montauban ; des *Sœurs de la Charité d'Evron*, à Évron (Mayenne); des *Sœurs de la Charité du Montoire*, à Bourges ; des *Sœurs de Marie-Thérèse*, à Limoges ; des *Sœurs de la Miséricorde*, à Laval et à Libourne ; des *Sœurs de Notre-Dame de Lorette*, à Bordeaux ; des *Sœurs de Notre-Dame de la Treille*, à Lille ; des *Sœurs de Sainte-Anne*, à La Pommeraye (Maine-et-Loire), et à Saumur ; des *Sœurs du Saint-Cœur de Marie*, à Treignac (Corrèze) ; des *Sœurs de Sainte-Elisabeth*, à Lyon ; des *Sœurs du Saint-Esprit*, à Poligny (Jura) ; des *Sœurs de la Sainte-Famille*, à Villefranche ; des *Sœurs de Saint-François d'Assise* (tiers ordre) à Montmerle (Ain) et Saint-Sorlin (Rhône) ; des *Sœurs du Saint-Sacrement*, à Autun ; des *Sœurs servantes de Jésus*, à Caignac (Haute-Garonne) ; enfin, très-exceptionnellement, des *Trappistines*, à Maubec, près Montélimar, et des *Ursulines*, à Baulieu (Ardèche).

SOEURS DE MARIE-JOSEPH, AU DORAT (HAUTE-VIENNE).

Mais au milieu de cette riche nomenclature, je dois arrêter très-spécialement votre attention, Messieurs, sur deux congrégations qui se sont vouées, — et c'est leur honneur ! — au relèvement des classes les plus déchues de notre société contemporaine. Dans cette noble entreprise, la part faite au travail et aux ateliers

---

(1) 2 Maisons-mères, Rome et Paris, 1,374 religieuses.
(2) 3 Maisons-mères, 422 sœurs enseignantes ; 16 dirigeant des asiles.

professionnels a été des plus considérables. C'est le privilége de toutes les grandes causes que de ramener ceux qui s'y dévouent aux conditions les plus vraies et les plus légitimes du succès.

La congrégation des *Sœurs de Marie-Joseph* est née en 1841 avec la réforme pénitentiaire, qui est restée le plus beau titre d'honneur de M. le comte de Gasparin. Rameau détaché de l'association de Saint-Joseph aux chartreux de Lyon, elle a été l'instrument le plus efficace de cette grande et nécessaire rénovation. Tandis que M. Lucas rédigeait les règlements, elle se chargeait de les faire exécuter par la douceur, les soins et le travail. Dans ce but, ses membres s'assujétissaient à vivre, non en maîtresses de ces tristes lieux, mais sous le verrou des geôliers. Les grandes prisons de femmes de Paris étaient nettoyées et disciplinées. Saint-Lazare, funeste enceinte où le vice embauchait à son aise des recrues; le Dépôt de la préfecture de police, lieu immonde où les plus braves hésitaient alors à s'engager, étaient transformés par leurs soins. Ici des cellules accessibles à leur seule influence, là de grands ateliers obligeant les recluses au travail, prévenaient la contagion du mal.

Mais une seconde œuvre, plus directement rattachée au sujet dont j'ai à vous entretenir, complétait la réforme en assurant ses résultats. C'était l'organisation d'ateliers libres garantissant aux prisonnières libérées un salaire et un patronage.

Tel fut l'*Ouvroir de la Miséricorde* créé à Vaugirard, avec le concours de Dames patronnesses, sous la présidence de Mme la marquise de Briancourt. Tel fut l'*Asile* de Mme de Gérando pour les convalescentes. Telle fut enfin la *Maison d'éducation correctionnelle* des jeunes filles de la Seine, organisée pour cent jeunes prisonnières libérées par Mme Lechevalier.

Ce mouvement, auquel les Sœurs de Marie-Joseph prirent une part active, s'étendit par leur moyen hors de Paris. Aux ateliers pour les prisonnières libérées elles en ajoutèrent d'autres pour les enfants des prisonniers.

C'est ainsi qu'aujourd'hui, aux cinq maisons centrales, aux treize maisons d'arrêt confiées à ses soins, la congrégation a annexé sept vastes établissements fonctionnant comme refuges et préservations.

A Bordeaux, c'est la *Maison de Nazareth*, actuellement établie dans de vastes installations à *la Croix-Saint-Geniès*. Fondé en

1850 par les soins dévoués de la sœur Mélanie, supérieure des religieuses de la prison, aidée de l'abbé Belleville, curé de Saint-Pierre, l'établissement comprend : 1° le *Refuge* où travaillent 100 prisonnières libérées; 2° la *Préservation* où sont élevées, sous une discipline attentive, 30 enfants; 3° l'*Ouvroir* qui réunit 60 jeunes filles, enfants de prisonnières ou abandonnées.

Des dispositions spacieuses et bien conçues, 20 mécaniques pour la chemiserie, une vaste buanderie installée pour le blanchissage du dehors, favorisent le travail des pensionnaires; son produit atteint la somme de 21,000 francs, égale aux deux tiers de la dépense; quelques jeunes filles sont aussi employées au jardinage.

Celles dont la conduite inspire une confiance suffisante sont placées dans des maisons honorables, par les soins de la supérieure, la sœur Marie Anseline, qui leur continue son vigilant patronage.

Sur 300 jeunes filles libérées, 183 ont été placées comme domestiques et ouvrières; sur ce nombre on n'a compté que onze récidives.

L'établissement de la *Solitude*, près Montpellier, offre encore plus d'importance. Fondé en 1842 par l'abbé Courol, et confié dix ans plus tard aux religieuses, il comprend actuellement 200 prisonnières libérées, et 100 jeunes filles placées en éducation correctionnelle.

Mais l'établissement modèle par ses belles dispositions est l'*asile Sainte-Anne-Dorat*, à Vannes : 100 jeunes filles en éducation correctionnelle y sont élevées, et 100 prisonnières libérées y trouvent du travail et une ferme direction.

A ces trois maisons, il faut ajouter celle d'*Alençon*, organisée en 1853 et contenant un refuge (150 libérées) et une préservation (30 enfants); celle de *Doullens*, organisée en 1857 et remarquable par son organisation du travail (100 libérées); celle de *Rennes* (125 libérées); celle de *Marseille*. Enfin, au *Dorat*, se trouve encore annexé à la maison-mère, un refuge où travaillent une centaine de jeunes filles; un atelier de ganterie en particulier y a été organisé avec succès.

RELIGIEUSES DU BON-PASTEUR, A ANGERS.

C'est une mission non moins ardue que poursuit la congrégation du Bon-Pasteur (1). Son œuvre est des plus anciennes ; l'association prit naissance à *Caen,* en 1641 ; longtemps elle resta dans des proportions modestes. Mais, après la fondation de la maison-mère d'*Angers,* en 1830, l'institut prit, sous l'impulsion des supérieures générales, un soudain et puissant essor. Ses succursales, aujourd'hui au nombre de cent, se multiplièrent dans les grandes villes de France, et successivement à l'étranger : en Angleterre, en Italie, en Allemagne, en Algérie, en Égypte, en Amérique, en Asie et jusqu'en Océanie.

La plupart de ces monastères ont deux classes d'ouvroirs : les uns appelés *préservations,* internats réservés à des jeunes filles abandonnées et que les religieuses recueillent pour leur assurer une protection contre la contagion du vice à laquelle leur situation les laisserait exposées ; les autres sont réservés aux *pénitentes,* que les sœurs s'appliquent à ramener à des mœurs honnêtes, par le travail et la religion.

Ces classes, séparées suivant les âges et parfois selon les dispositions de celles qui y sont réparties, comprennent aussi des *Madeleines.* On nomme ainsi les pénitentes qui renoncent à rentrer dans le monde et forment une sorte de congrégation auxiliaire, qui se distingue par son costume.

Les Madeleines assistent les sœurs dans les soins de la maison et pour la surveillance. Le travail est obligatoire et dure en général douze heures. Il est habituellement coupé à onze heures et demie par un service religieux, suivi du repas principal. Puis a lieu, par quelque temps qu'il fasse, une promenade dans le jardin, durant une heure environ. Pendant ce temps les salles sont aérées ; on attache généralement de l'importance à ces deux mesures. Des chants fréquents ont lieu pendant le travail. Vers deux heures et demie une lecture est faite à haute voix. Les ouvrages consistent principalement en coutures de chemises pour le compte des magasins de Paris ; les

---

(1) Monastère général du *Bon-Pasteur* à Angers, 925 religieuses en France ; les *Religieuses de Notre-Dame de la Charité du Refuge* à Caen, la Rochelle, Saint-Brieuc, Besançon, Toulouse, Tours, Blois, Versailles et Montauban ; les *Religieuses de Notre-Dame du Refuge,* à Narbonne, Valence et Montpellier ; les *Dames de Saint-Michel,* à Lyon et à Paris ; les *Religieuses de Saint-Michel du Refuge,* à Nantes ; les *Religieuses de Jésus-Christ,* dites de la Préservation, à Nantes et à Rouen, poursuivent une mission analogue.

chemises sont envoyées coupées et piquées ; une ouvrière en termine en moyenne deux par jour. Le produit de ce travail, par suite de l'abaissement des prix de façon, est aujourd'hui tout à fait insuffisant à couvrir les dépenses d'entretien ; il y est suppléé au moyen de quêtes, de sommes que paient les parents, de pensions faites par des personnes charitables, enfin de l'allocation de 50 centimes payés par le gouvernement pour chaque détenue.

Le blanchissage est organisé en grand avec succès dans plusieurs maisons.

Pour encourager les jeunes filles à l'application et à la bonne conduite, on les reçoit membres de diverses confréries organisées dans chaque maison, celle des *Enfants de Marie*, celle de la *Vierge des Sept-Douleurs*. Après un temps d'épreuve suffisant, on cherche à placer les pénitentes comme domestiques.

Telle est l'organisation suivie dans la plupart des établissements.

A *Paris*, la communauté a organisé sur de larges bases le *Monastère de Conflans* (Charenton).

Dans la maison-mère, à *Angers*, on compte 150 pénitentes et 300 jeunes filles des autres classes.

A *Amiens*, 102 pénitentes, dont 22 Madeleines.

A *Strasbourg*, l'œuvre possède deux établissements, l'un rue *Saint-Marc*, réservé aux jeunes détenues et aux Madeleines, l'autre à la *Robertson* qui reçoit les pénitentes et les orphelines.

A la maison de la rue Saint-Marc est annexé un pensionnat de jeunes filles pauvres, appelées *Innocentes* pour les distinguer des repenties et des détenues (1).

La maison d'*Orléans*, faubourg Bourgogne, compte 170 jeunes filles, parmi lesquelles les repenties forment la minorité. Le produit du travail y est important.

Dans la même ville, rue *Sainte-Anne*, 35 pénitentes sont réu-

---

(1) Les chiffres se répartissent ainsi :

Pénitentes	160
Orphelines	48
Détenues	59
Madeleines	38
Innocentes	42
	347

nies dans un ouvroir qui relève d'une congrégation récente dite aussi du *Bon-Pasteur*, mais plus spécialement vouée à l'enseignement et dont la maison-mère est à Paris.

A *Troyes*, un monastère du *Bon-Pasteur*, également indépendant, poursuit le même but.

DIACONESSES PROTESTANTES.

Émules des associations catholiques, les diaconesses protestantes ne sauraient être omises dans cette nomenclature. Se développant avec puissance en Allemagne, puis en Angleterre, elles comptent en France, depuis vingt-cinq années, deux maisons-mères, celle de *Paris* et celle de *Strasbourg* (1).

Les sœurs de l'association de Paris desservent avec succès plusieurs des institutions que vous avez honorées de récompenses : le *Pensionnat des jeunes filles pauvres* de l'Eglise réformée de Paris (rue de Reuilly, 97), libéralement pourvu par le comité de dames qui l'administre de tout ce qui peut assurer le bien-être et l'instruction primaire et professionnelle de ses élèves (52 jeunes filles); l'établissement des *Orphelines d'Orléans* (80 jeunes filles). Je dois signaler aussi comme fort bien dirigé l'orphelinat de *Crest*, dans la Drôme (80 élèves), celui des *Billettes*, à Paris (50 élèves), enfin *l'ouvroir interne* établi dans la maison-mère et où sont formées au travail 40 jeunes filles placées, pour combattre de fâcheuses inclinations, sous une surveillance spéciale.

Parmi les établissements, — pour la plupart hospitaliers, — qui relèvent en Alsace de la maison-mère de *Strasbourg* (2) et que distinguent leur remarquable discipline et leur bonne tenue, je dois recommander particulièrement à votre attention l'institution du *Bon-Pasteur*.

(1) Les diaconesses d'Allemagne se divisent en trois communautés principales, celle de Kaiserswerth, près Dusseldorf (Prusse rhénane), fondée, en 1836, par le pasteur Fliedner; celle annexée au splendide hôpital de *Bethanie*, à Berlin, longtemps administrée par la pieuse comtesse de Stolberg, emportée l'hiver dernier, en organisant des lazarets dans les provinces orientales de la Prusse par le typhus qui les dévastait à la suite de la famine; celle de *Neudettelsau* (Bavière), dirigée par le pasteur Lœhe.

Le chiffre total des diaconesses, tel qu'il a été relevé dans la conférence générale réunie, il y a peu de mois, à Kaiserswerth, s'élève à 2,100 membres, répartis entre 40 maisons-mères et 526 stations.

(2) Les diaconesses de Strasbourg desservent aussi plusieurs institutions en Suisse, notamment, à Neufchâtel, l'hôpital municipal et l'hôpital de Pourtalès, dignes l'un et l'autre d'être signalés comme établissements modèles.

Cette maison, ainsi appelée du nom de l'ancien couvent dont elle a pris la place, n'est pas seulement une réunion heureusement combinée d'œuvres multiples, c'est une école de jeunes servantes, qui, réparties entre les diverses œuvres concentrées autour d'elles, trouvent dans chacune l'occasion de s'employer au ménage, et reçoivent ainsi, à côté des enseignements de l'ouvroir, une éducation pratique rarement donnée d'une manière aussi complète. Restreint au chiffre de trente, pour mieux constituer une famille, l'Asile des jeunes servantes offre, de même que le disciplinaire, le refuge, la crèche, l'établissement de soupes qui y sont annexés, un luxe de propreté, une perfection d'agencement, reflet de l'esprit qui y préside et qui fait autant d'honneur aux sœurs de Strasbourg qu'à l'éminent fondateur et directeur de l'association, M. le pasteur Hærter. A ce titre, comme au point de vue de l'action morale qui y est exercée et que soutient un patronage prolongé sur les élèves après leur sortie, je ne saurais trop signaler cet établissement à l'étude de ceux qui se proposent d'organiser des maisons de même nature. Sa tenue m'a paru entre toutes remarquable, et son installation, l'une des plus accomplies.

En terminant cette revue rapide des ateliers de charité placés sous la direction des associations religieuses, je ne voudrais en rien diminuer la part qui, dans ces œuvres elles-mêmes, revient souvent à la charité laïque.

Si la création de beaucoup de ces institutions est due au zèle des communautés, comment oublier que la charge de ces œuvres repose aussi sur le dévouement de leurs amis, et que c'est la charité laïque qui, dans un grand nombre de cas, a pris même l'initiative de leur fondation.

Mais s'agit-il de diriger, la bienfaisance a recours le plus souvent aux congrégations, et borne, en France surtout, son intervention à un patronage qui, trop aisément, devient plus nominal qu'effectif. Le nombre des ouvroirs et des orphelinats conduits par des maîtresses laïques constitue donc, dans notre pays, une minorité chaque année décroissante, et l'on peut affirmer que l'industrie tout entière de la couture, dans la mesure où elle relève de la charité, relève aussi des congrégations.

FONDATIONS LAIQUES.

Il est assez difficile de présenter un tableau d'ensemble des œuvres purement laïques, sans le fil conducteur que nous offraient tout à l'heure les associations religieuses.

Signalons toutefois quelques-unes de ces institutions comme exemples des résultats qui peuvent être obtenus sous ce régime :

A *Paris*, l'ouvroir organisé, pour les femmes et filles sans travail, rue aux Ours, par M. Paul Demidoff (1).

A *Bordeaux*, l'œuvre si difficile du relèvement des filles de mauvaise conduite, par le travail comme par la piété, a été entreprise avec un généreux courage et un dévouement digne des plus grands éloges par Mlle Sivan. N'écoutant que sa charité, elle est parvenue à entretenir depuis dix ans, dans son *Atelier chrétien*, 127 jeunes filles, occupées au travail du linge. De ce nombre sont quelques enfants arrachées à une situation qui menaçait de les conduire au vice. Grâce à l'esprit qu'elle sait répandre autour d'elle, la discipline de l'atelier est fort satisfaisante, sans qu'il soit nécessaire de recourir aux moyens coërcitifs; c'est ainsi que depuis la fondation de l'asile, en 1857, le nombre des filles renvoyées ne s'élève qu'à deux.

Au nombre des ouvroirs conduits avec le plus de talent, il convient de citer à *Caen* celui de l'orphelinat de la rue de la Préfecture, fondé par l'*OEuvre de Notre-Dame-de-Caen*. Mlle de Valroger, qui la préside, s'est faite l'institutrice volontaire des nombreuses orphelines qui y sont recueillies; elle leur a consacré, avec une noble abnégation, les dons de son intelligence et ceux de sa fortune, s'assujettissant à passer les examens qui, en France, sont, pour les laïques, la condition de tout enseignement; 12 maîtresses et adjointes lui apportent leur concours.

L'ouvroir, placé d'ailleurs sous le patronage d'un comité de dames, se divise en cinq ateliers et forme à des travaux divers (broderie, dentelle, lingerie, raccommodage et repassage) 90 jeunes filles âgées en moyenne de 16 ans. Le produit en atteint 12,000 francs.

A *Orléans*, l'ouvroir de la *rue Sainte-Euverte*, fondé en 1840, dirigé par Mlle Caillaux et géré à ses frais, fonctionne également

(1) Il en sera rendu un compte spécial.

avec succès (35 internes, pour la plupart enfants de l'hospice).

Quelques maisons plus loin se trouve l'ouvroir de Mmes *Richard* et *Garnier* (20 internes), puis celui de Mlle *Bertrand* (rue des Bouteilles, 1), surveillé par des dames patronnesses (20 internes); mais sa tenue est loin de valoir celle distinguée de l'ouvroir interne de la *Sainte-Enfance*, rue d'Escures, dirigé par Mlle Maillé, et qui n'occupe pas moins de 80 enfants employées pour la plupart à la confection d'ornements d'église.

A *Blois*, deux ouvroirs analogues ont été fondés, l'un, en 1829, par l'abbé *Desessarts* (55 élèves); l'autre, en 1855, par M. le curé *Vesser* (21 élèves).

A *Strasbourg*, l'ouvroir fondé, en 1842, par Mme Ve Cornélie de Humbourg, sous le nom d'*OEuvre de Sainte-Élisabeth*, à la suite d'une simple réunion du dimanche, devenue ensuite quotidienne, s'est graduellement transformé en internat; 50 jeunes filles y sont formées à la couture, à la broderie, au blanchissage. La discipline s'y distingue par son caractère libéral et élevé.

Dans la même ville, l'*OEuvre de la Providence*, née en 1846, après un sermon de charité du père Lacordaire, entretient dans l'établissement de Sainte-Barbe une vingtaine d'orphelines.

A *Troyes*, l'ouvroir *Sainte-Anne* élève, sous la direction de dames patronnesses, 50 orphelines qui sont ensuite placées comme femmes de chambre ou ouvrières chez des maîtresses lingères et couturières.

A *Versailles*, l'établissement de Mlles Portz, offre un ensemble des plus dignes d'intérêt (1)....

Je m'arrête, Messieurs, non sans regretter de ne pouvoir continuer avec vous d'étapes en étapes un tour de France qui ne serait pas sans nous enrichir de précieux exemples (2).

Parmi les OEuvres de la communion protestante, je dois men-

---

(1) Cette maison sera décrite par M. Délerot.

(2) Les ouvroirs de dentelle du Calvados; les ouvroirs de broderie de la Lozère; les ouvroirs de couture gérés dans les petites villes du Loir-et-Cher aux frais de marchands chemisiers de Paris (confection des devants de chemise) : Meusnes, Saint-Aignan, Vendôme et l'ouvroir municipal de Romorantin; l'ouvroir géré à Caen, dans l'hospice Saint-Louis, aux frais de M. Geffrier Delille, directeur de la Compagnie des Indes, pour la fabrication des dentelles; les établissements de dentelle de M. Lefebvre, à Bayeux et à Cherbourg mériteraient particulièrement de trouver place dans cette énumération, s'ils n'occupaient presque exclusivement des externes.

Dans les campagnes de la basse Normandie, à la plupart des écoles de filles est attachée une femme qui enseigne la dentelle.

tionner au premier rang l'établissement de *La Force* (Dordogne).
Cinq asiles, fondés par la seule initiative de M. le pasteur Bost,
y ont été tour à tour ouverts aux orphelines, à de jeunes filles
et à de jeunes garçons infirmes, idiots ou incurables, aux jeunes
épileptiques de l'un et de l'autre sexe: les toits des divers bâtiments qui composent cette institution rurale, administrée avec
un véritable talent et où s'abritent tant de misères, s'élèvent au
milieu de jardins, à coté des ruines de l'ancien château des
ducs de La Force, dominant la vallée riche et salubre de la Dordogne. Les orphelines, au nombre de 80, y partagent leur temps
entre les travaux de l'ouvroir et ceux de la cuisine, de la
buanderie et même de la boulangerie et du jardinage.

L'orphelinat-ouvroir de *Batignolles*, établi par M. le pasteur
Vernes rue Sainte-Thérèse, 5, (50 enfants); institution semblable
créée à *Plaisance* par M. le pasteur Paumier, celles de *Montauban*,
de *Tonneins*, l'asile *Émilie*, qui s'élève dans la presqu'île d'Ar-
vert, en face de l'Océan, fondation touchante d'une veuve en
mémoire de sa fille unique défunte, méritent également d'être
signalés comme autant d'institutions prospères et fort bien
tenues.

INTERNATS MANUFACTURIERS.

FONDATIONS CHARITABLES.

Plusieurs établissements industriels ont organisé, au nombre
des institutions créées en faveur de la population qu'ils occupent,
des internats qui, destinés surtout à recueillir des enfants orphelines dans une pensée de bienfaisance, occupent toutefois une
place à part, au milieu des ateliers de charité, par le lien spécial
qui les unit à la manufacture.

Déjà votre Société a distingué divers orphelinats de garçons
qui fonctionnent à ce titre auprès d'usines importantes. Je ne
rappellerai ici que celui de *Baccarat* : les patrons, à côté des
bienfaits qu'ils accomplissent, recrutent dans ces asiles des ouvriers habiles préparés dès l'enfance aux exigences spéciales du
métier et dévoués à l'établissement qui, depuis leurs premières
années, leur a tenu lieu de famille.

L'œuvre est plus difficile en ce qui concerne les jeunes filles, mais plus nécessaire. Vous me permettrez donc de retenir un instant sur elle votre attention.

COMPAGNIE ANONYME DES FORGES DE CHATILLON ET COMMENTRY.

La Compagnie des forges de Châtillon et Commentry, qui se distingue par l'ensemble d'institutions utiles créées dans ses douze établissements pour ses 9,000 ouvriers, a pris sous ce rapport une initiative digne d'éloges. Pénétrée de l'influence qu'exerce l'éducation des filles, elle y a cherché le moyen le plus efficace de moraliser la population de 23,000 âmes qu'elle occupe, et, dans chacune de ses exploitations, elle a organisé avec soin, à côté d'écoles fort complètes, des ouvroirs qui ont bientôt fonctionné, dans une certaine mesure, comme orphelinats (1).

Celui de *Tronçais* a pris en particulier ce caractère; 20 jeunes filles, enfants d'ouvriers décédés, y sont logées dans la maison des sœurs (2). Occupées à des travaux de couture, leur gain peut s'élever jusqu'à 1 fr. 75 c. par jour. Une partie sert à couvrir la dépense de l'institution; l'autre partie, mise en réserve, leur constitue un pécule, lorsque, arrivées à 21 ans, elles doivent quitter la maison (3).

M. LE BARON DE FOURMENT, A CERCAMP-LES-FRÉVENT (PAS-DE-CALAIS).

Une institution de même nature fonctionne depuis quatorze ans chez M. le baron de Fourment, propriétaire des peignages et filatures de laine de *Cercamp-les-Frévent* et de *Boubers-sur-Canche*

(1) On me permettra de saisir cette occasion pour rendre un juste hommage aux institutions organisées dans des exploitations voisines, les mines de houille de *Commentry* et les *hauts-fourneaux de Montluçon*, par la Société Boigues-Rambourg et Cie. 600,000 francs distribués en secours depuis vingt ans, la création généreuse, par M. Louis Rambourg, de la maison de *Saint-Louis*, type remarquable d'hospice manufacturier, libéralement doté par son fondateur d'un revenu qui s'élève à 50,000 francs de rente, témoignent de la sollicitude qui y règne pour la classe ouvrière, non moins que les belles dispositions données aux écoles, en particulier à celle installée, à Commentry, dans un bâtiment qui a coûté 96,000 francs; à côté de cinq vastes classes et d'une salle d'asile, on y trouve, comme complément, un *ouvroir externe* où travaillent 80 jeunes filles.

(2) *Religieuses de la Charité du Montoire*, dont la maison-mère est à Bourges.

(3) Créée en 1851, la maison devait rester un ouvroir. Mais dès la première année on y plaça deux orphelines; quatre, l'année suivante, et en 1855 leur nombre s'élevait à vingt et une. Vingt-six ont déjà quitté l'orphelinat, seize sont mariées, les autres placées en service.

Pas-de-Calais). Une maison de secours, disposée sur de larges proportions, s'élève au milieu des blanches habitations ouvrières encadrées de jardins qui ont été construites aux abords de l'usine ; elle comprend sous la direction de dix sœurs de charité un orphelinat, à côté d'une salle d'asile et d'une école gratuite de filles où 300 enfants sont instruites (1).

FONDATIONS ÉCONOMIQUES.

Des ateliers de charité sous leurs diverses formes, il est temps, Messieurs, que nous passions aux fondations tout à fait industrielles. C'est d'ailleurs ici que votre sollicitude a surtout lieu de s'exercer. Une négligence lamentable règne trop souvent dans des établissements dirigés même par les hommes les mieux intentionnés. Il semble parfois qu'ils aient pris leur parti du mal qui se commet et se propage dans leur maison, sous leur autorité, l'envisageant, avec un scepticisme qui énerve tout bon vouloir, comme une nécessité fatale de l'atelier, à laquelle on s'appliquerait vainement à échapper.

A ces tristes maximes opposons des exemples qui les démentent avec éclat. Il en est un, devenu illustre sous la plume de l'éminent économiste qui l'a fait connaître à la France et à l'Europe. C'est celui des établissements de Lowell, de ces manufactures américaines où la jeune fille trouve, avec une éducation complémentaire, un travail productif, à l'aide duquel sa dot se constitue : pensionnats industriels, qui pourvoient au bien-être de la jeune ouvrière en fournissant avec abondance aux nécessités matérielles de sa vie ; qui lui donnent la culture intellectuelle ; qui protégent sa moralité et qui assurent son sort par l'épargne ; institutions modèles, restées en avant de la

---

(1) La maison de secours contient encore une pharmacie. L'une des sœurs est spécialement chargée du soin des malades à domicile, que visite gratuitement le médecin défrayé par l'établissement. J'ajoute que l'attribution du salaire faite à l'ouvrière mariée, après ses couches, se continue par M. le baron de Fourment pendant dix semaines, et que la générosité du patron la conserve aux ouvriers pendant la durée de leurs maladies et fait aux veuves de ses employés une pension s'élevant de 150 à 700 francs. Des cours d'adultes et une bibliothèque populaire complètent cet ensemble d'institutions.

Les apprentis reçoivent, jusqu'à l'âge de 18 ans, une instruction complémentaire.

pratique ordinaire de nos établissements même renommés pour les meilleurs, mais vers lesquelles de nobles efforts ont été tentés, et qui, j'espère vous le montrer, semblent même en quelques cas près d'être égalées en Europe.

La France compte notamment de généreuses tentatives, en plus grand nombre qu'on ne le pense quelquefois, et qu'il est utile de signaler, ne fût-ce que pour encourager quelques-uns de ceux qui doutent du bien, ou ne savent de quelle manière l'accomplir.

L'industrie qui a donné jusqu'ici aux internats manufacturiers dans notre pays l'extension la plus importante est celle de la soie.

Deux opérations, d'une extrême délicatesse, consistant, la première, à dévider les fils des cocons, la seconde, à les assembler pour le tissage, ne se font avec assez d'adresse et d'agilité que par des doigts de femmes. L'élévation de la main-d'œuvre, qui s'est accrue depuis dix ans, dans cette fabrication, d'environ 25 0/0, a conduit la plupart des industriels à employer surtout des enfants. Entrées de 9 à 12 ans dans l'usine, elles la quittent entre 20 et 25 ans.

Or la très-grande partie de cette population de jeunes filles est interne. Il est en effet peu de filatures qui puissent se monter avec moins de cent ouvrières. Etablies sur quelque chute d'eau, loin des populations agglomérées, le fabricant ne saurait demander à ces enfants les longs trajets imposés aux ouvriers externes par les manufactures rurales. Il faut donc annexer à l'usine des dortoirs. C'est ainsi qu'environ 40,000 jeunes filles grandissent dans les filatures du Midi, internes de ces manufactures. Dès 5 heures du matin le travail commence, pour ne cesser en général qu'à 7 heures. Parfois, le samedi soir, l'usine voit ses hôtes la déserter ; les jeunes ouvrières se répandent dans la montagne pour aller, au domicile paternel, passer leur dimanche et rentrer le lundi matin à l'usine.

L'ouvraison de la soie ne comporte guère qu'un travail à la journée ; la matière est d'ailleurs d'un grand prix et il importe d'y éviter le déchet. Ce double motif détermine les fabricants à organiser dans les ateliers une surveillance sérieuse du travail. On compte habituellement une contre-maîtresse pour vingt ouvrières : ce n'est donc pas là que les occasions de désordre peuvent se produire, mais c'est au moment où le travail cesse, dans les heures de la soirée, trop rarement mises à profit pour compléter l'instruction des internes, qui, parfois, est à peine commencée.

Est-il une industrie qui se prête mieux à des mesures de patronage et qui les appelle plus impérieusement ?

Et pourtant il règne dans un grand nombre d'usines la plus honteuse indifférence, et ces grandes agglomérations de jeunes filles de tout âge sont trop souvent des écoles lamentables, livrées au vice et à l'ignorance.

Deux régions se partagent les ateliers séricicoles. L'une est celle de Paris, spéciale aux soies à coudre, à broder et propres à la passementerie; l'autre, beaucoup plus importante, comprend la nombreuse phalange des filateurs mouliniers de l'Ardèche, de la Drôme et de Vaucluse, les filateurs de gréges des Cévennes, les tissages de Lyon et les rubaneries de Saint-Etienne.

Dans la première de ces régions, vous avez à juste titre, Messieurs, distingué au premier rang l'établissement de M. Hamelin fils.

FRANCE.

—

M. HAMELIN FILS.

Maison Marie-Joseph, rue de la Glacière-Saint-Marcel, à Paris. — Fabrique de soies à coudre, aux Andelys.

Je ne vous entretiendrai pas du succès industriel de cette maison, favorisée au milieu du renchérissement de la soie par une spécialité heureuse, l'ouvraison des gréges de qualité commune. Grâce à d'habiles mécanismes, à des procédés perfectionnés de purgeage, leur emploi dans la fabrication des soies à coudre a donné à l'établissement un essor que son chef a su consolider en l'appuyant sur une seconde et noble base, celle d'intelligents sacrifices en faveur de son personnel ouvrier.

Ce sont en effet de belles et spacieuses dispositions que celles de la maison située rue de la Glacière-St-Marcel, à Paris : 240 ouvrières y sont réparties en trois salles immenses, superposées l'une sur l'autre, qui ont pris la place des chétives installations dans lesquelles l'entreprise avait commencé en 1860, et qui surélevées encore, il y a quatre ans, d'un vaste dortoir, forment aujourd'hui un bâtiment monumental.

Le long de sa façade, d'une belle architecture, s'étend une grande cour plantée d'arbres, qui sert aux récréations des élèves. Au milieu s'élève une chapelle où des offices quotidiens réunissent le personnel de la fabrique. Puis viennent, dans des bâtiments plus modestes, les pièces servant de cuisines, de réfectoires et dans une aile de l'édifice principal, l'école, la salle de couture, la lingerie.

Chaque jour, à côté des neuf heures d'atelier et du temps, que, suivant un ordre de service, chaque jeune fille doit consacrer aux divers soins du ménage, une heure est réservée aux travaux à l'aiguille et une heure et demie à l'instruction.

Dans une dépendance plus éloignée, l'infirmerie est annexée à une maison de secours et de charité, dirigée par les sœurs de Saint-Vincent-de-Paul.

C'est en effet leur concours direct que s'est assuré M. Hamelin.

La discipline de la maison Marie-Joseph est sous leur autorité ; les contre-maîtresses techniques, choisies en général parmi d'anciennes élèves, relèvent d'elles à cet égard. Sa belle tenue fait honneur à l'intelligente organisation de la sœur de L'Aile, première supérieure, et à la direction habile et ferme de la sœur Caron, qui lui a succédé, comme au zèle de ses collaboratrices. Si la libéralité du patron pourvoit avec ampleur aux besoins de l'entreprise, s'il conserve la pleine direction du travail, ce sont les sœurs qui supportent, pour la plus grande part, la charge morale de l'établissement.

Cette alliance d'efforts, Messieurs, est le trait qui caractérise la généralité des internats manufacturiers dignes de vous être signalés en France ; c'est lui qui me paraît les distinguer surtout, par les allures et les mille détails qui en dérivent, des internats de Suisse, d'Allemagne et d'Amérique, dont j'aurai plus loin à vous entretenir (1).

---

(1) Je citerai seulement à l'appui de cette observation le texte du règlement de la maison, heureux de pouvoir, à cette occasion, rendre hommage à l'élévation qui règne dans la plupart de ses dispositions :

RÈGLEMENT DE LA MAISON MARIE-JOSEPH.

ARTICLE 1er. — Elles se lèveront à cinq heures. Aussitôt que la cloche sonnera, elles sortiront promptement de leur lit, afin que lorsque la sœur dira *Vive Jésus !* elles soient prêtes à se mettre à genoux pour donner leur cœur à Dieu. Elles s'habilleront ensuite avec modestie, feront leurs lits, peigneront les petites et ne se permettront jamais de parler au dortoir, à moins d'une grande nécessité.

Si cette esquisse d'ensemble comportait des détails, je vous entretiendrais avec éloges d'aménagements divers qui distinguent la maison : salubrité des ateliers, ventilation des dortoirs, largement pourvus de tous les accessoires utiles, lavabos disposés à l'instar de ceux des lycées, tabourets permettant à l'ouvrière

Art. 2. — A cinq heures et demie, elles se rangeront deux à deux, en silence, pour se rendre à la chapelle, où celle qui est de semaine fera la prière à haute voix et distinctement.

Art. 3. — Après la prière, les enfants de Marie resteront pour faire la méditation ; les petites se rendront à la classe, les autres feront les ménages et celles qui n'ont rien à faire iront à la couture.

Art. 4. — A six heures et demie, elles se rendront au réfectoire, ayant le soin de se ranger deux à deux en silence. Après le déjeuner, elles s'amuseront dans la cour jusqu'à ce que la cloche sonne.

Art. 5. — A sept heures, elles se rendront toutes à la couture, les ménages devant être finis ; elles écouteront attentivement le catéchisme, répondront avec simplicité aux questions qui leur seront faites ; elles se tiendront droites, les yeux baissés, les bras croisés, jusqu'à ce qu'on leur dise de s'asseoir.

Art. 6. — A sept heures et demie, elles se rendront à l'atelier, feront l'offrande du travail et prendront la résolution de bien employer leur temps.

Art. 7. — A midi moins un quart, elle sortiront avec ordre de l'atelier, se rendront au réfectoire deux à deux en silence, diront avec dévotion le *benedicite* et écouteront attentivement la lecture. Puis elles rendront grâce de la nourriture qu'elles auront prise.

Art. 8. — A midi et quart, elles sortiront du réfectoire et feront la récréation, ayant grand soin de s'amuser toutes ensemble, ne leur étant pas permis de causer continuellement deux ou trois, ni de faire la récréation dans un autre lieu que celui où toutes sont réunies. Les jeudis, samedis et autres jours, où il y a le salut, on observera les changements nécessaires.

Art. 9. — A une heure moins le quart, les grandes iront à la couture, les petites à la classe pour apprendre à lire, apportant les unes et les autres une grande attention pour profiter des moyens qui leur sont donnés de s'instruire.

Art. 10. — A deux heures et quart, elles se rendront à l'atelier, rentrant toujours avec ordre et en silence. Elles ne manqueront pas de demander à Notre-Seigneur qu'il veuille bien les bénir et leur accorder la grâce de bien faire leur travail. Pour cela elles offriront de temps en temps leurs cœurs à Marie, leur bonne mère, afin qu'elle les aide à supporter ce qui pourrait leur arriver de fâcheux dans le reste de la journée.

Art. 11. — A sept heures, elles sortiront de l'atelier avec le même ordre qu'elles y sont entrées, se rendront à la chapelle pour y faire la prière du soir, après laquelle on servira le souper. Elles garderont le silence au réfectoire, faisant attention à la lecture qui devra se faire tout le temps des repas.

Art. 12. — Après le souper, elles feront la récréation comme après le dîner, dans l'été ; mais l'hiver, elles monteront à la couture. Lorsque la cloche sonnera pour les avertir de monter au dortoir, elles obéiront promptement et se rangeront deux à deux dans le plus grand silence, se rendant chacune dans sa ruelle sans jamais se permettre d'aller dans celle des autres ; donneront leur cœur à Dieu, et tâcheront de s'endormir dans quelques bonnes pensées.

fatiguée de se reposer pendant le travail notamment aux heures des goûters (1), lingerie abondamment fournie et tenue avec cet ordre et cette propreté qui sont le luxe des établissements religieux, machine à coudre permettant aux jeunes filles d'en apprendre le maniement.

Mais j'ai mieux à faire, Messieurs, qu'à essayer de tracer à vos yeux une description écourtée. La maison est à Paris, très-près de vous. Laissez-moi vous engager à mettre une heure à part pour sa visite, et je promets au plus indifférent une impression vraie de satisfaction et de confiance lorsque, reportant ses regards du dôme des Madelonnettes qui s'élève à l'horizon vers ce peuple de jeunes filles alertes, au visage plein de santé, à la mise propre et décente, il entendra, sur un signe de la religieuse surveillante donné du haut de l'estrade où elle est assise, un chant à deux parties, harmonieux et ferme, s'élever d'une extrémité à l'autre de la vaste salle, tandis que les doigts agiles des jeunes ouvrières continueront à dévider la soie, rattachant à mesure qu'ils se brisent les fils aux rochets.

Les trois quarts de ces enfants sont orphelines. Entrées vers douze ou treize ans, elles sont engagées, aux termes d'un contrat, jusqu'à vingt ans révolus, par un parent ou un répondant. Arrivées à leur majorité, elles reçoivent, avec un trousseau, la jouissance de diverses primes réparties à la fin de l'année pour stimuler le travail de chacune, et dont le montant peut s'élever alors de 300 à 650 francs, non compris les petites sommes qui leur sont données, comme argent de poche, à titre d'encouragement mensuel.

Quand vient une journée riante de dimanche, vous les voyez en long cortége gagner l'une de nos grandes promenades, ou parfois en été l'un des bois qui avoisinent Paris. La robe grise de l'atelier et le tablier de travail ont fait place à des robes de laine bleues, garnies de pèlerines noires. Ce n'est plus un atelier, c'est un pensionnat; mais cette institution, — et là n'est pas son moindre mérite, — doit sa subsistance au travail propre

(1) Voici la nature et l'ordre des repas :
>   *Matin*, soupe et pain ;
>   *10 heures*, morceau de pain (à l'atelier) ;
>   *Midi*, soupe, viande et légumes ;
>   *3 heures*, pain (à l'atelier);
>   *Soir*, soupe et légumes.

de ceux qu'elle élève. Ajouterai-je que chaque année une journée de fête réunit à quelque distance de Paris, dans un jardin appartenant à la famille du patron, les anciennes élèves et les nouvelles, rapprochant ainsi les relations communes de celles qui doivent rester l'idéal de toute institution humaine, parce qu'elle est de Dieu, la famille.

Plus restreints dans leurs installations, mais agencés avec non moins de soins, les ateliers dirigés par les sœurs de Saint-Vincent-de-Paul, *aux Andelys*, dans la manufacture qu'y possède encore M. Hamelin fils (dévidage, doublage et moulinage de la soie, 300 ouvriers), n'offrent pas néanmoins à mes yeux un plus faible intérêt. Je ne dissimulerai même pas mes préférences pour la manufacture rurale, surtout lorsqu'il s'agit d'y élever des jeunes filles. Sans parler des riants horizons de Normandie, au milieu desquels se dessinent ici les ruines pittoresques du château Gaillard, il y faut moins de clôtures, de portes fermées. La vie y est plus simple et plus naturelle; l'éducation des élèves, plus pratique : c'est ainsi que le blanchissage en grand y a été organisé avec succès. Le patron y est plus près de ses ouvrières; l'atelier, surveillé par les religieuses sous la direction de la sœur Darras, est plus mêlé à l'usine; les victoires qu'obtiennent leur discipline et leur influence sont donc plus décisives et plus concluantes. Les 80 jeunes internes confiées à leur direction sont d'ailleurs dans des conditions analogues à celles de la maison Marie-Joseph.

Lorsque, bravant le danger des contacts extérieurs, les sœurs étendront leurs soins à l'atelier et au dortoir des jeunes ouvrières que le grand char de la fabrique va chercher chaque lundi matin, avec leurs civières garnies, dans les villages avoisinants, pour les y ramener le samedi soir; lorsqu'après quelques conflits, je le veux, entre leur influence et celle parfois trop divergente que les enfants rapportent chaque semaine du foyer domestique, les religieuses y auront réalisé quelques-uns des perfectionnements de l'internat exclusivement placé sous leur action, l'établissement des Andelys offrira un ensemble modèle, plus complet, au point de vue spécial qui nous occupe, que la maison même de Paris.

M. ERNEST CHARDIN.

Fabrique de soies à coudre, à Persan, près Beaumont
(Seine-et-Oise).

Fondé à *Mours* en 1855, avec des enfants, le dévidage de soie de M. Ernest Chardin a été transporté en 1864 à Persan. C'est là qu'il a reçu sa dernière forme; elle rappelle, à de légères différences près, celle des établissements de M. Hamelin : même direction par les sœurs de Saint-Vincent-de-Paul, assistées, au nombre de six, par sept surveillantes choisies parmi d'anciennes ouvrières ; mêmes dispositions réglementaires; même nature de travaux et heures de repas. 120 jeunes filles y sont ainsi employées dans des ateliers largement installés et dans les saines conditions de la vie rurale, au milieu de cours et de jardins.

Les enfants peuvent être reçues dès l'âge de dix ans; un droit d'entrée de 100 francs est exigé, sauf exception. Un contrat sur papier timbré assure leurs services à l'établissement jusqu'à 21 ans, moyennant une prime qui s'élève graduellement de 10 à 40 centimes par jour et qui leur est payée à la sortie, déduction faite des frais de trousseau.

Les élèves, partagées en trois divisions, reçoivent une heure de classe par jour. Quelques notions d'histoire et de géographie figurent dans le programme : 90 élèves sur 120 savent couramment lire et écrire (1).

Un dortoir bien aéré, de 50 mètres de longueur sur 15 de largeur, contient les lits.

Mentionnons encore, comme disposition heureuse, celle qui fait passer aux jeunes filles, avant leur sortie, une année entière à l'ouvroir, et à tour de rôle aux services des lessives et de la cuisine. Elles se forment ainsi aux différents travaux du ménage, apprennent à faire des robes, et peuvent être aisément placées comme domestiques, si elles n'aiment mieux rester ouvrières.

---

(1) La proportion à la Glacière est analogue : sur 100 élèves, 60 lisent couramment; 58 écrivent assez bien ; 50 savent faire une dictée et les quatre règles de l'arithmétique. Ces chiffres sont supérieurs à ceux du milieu habituel, je le veux bien ; mais combien un progrès général dans notre pays n'est-il pas encore nécessaire !

RUBANNERIES DE LA HAUTE-LOIRE.

—

M. COLCOMBET.

Fabrique de rubans à la Séauve.

Transportons-nous, Messieurs, du voisiuage de Paris aux campagnes solitaires et montagneuses du Velay. Il y a plus d'un siècle que les métiers à rubans battent dans ces chaumières éparses pour le compte des négociants de Saint-Étienne. Mais, depuis de longues années déjà, la mécanique des grandes usines est venue apporter à l'industrie du foyer sa redoutable concurrence. Transformation volontiers célébrée, mais qui n'en a pas moins été l'une des plus douloureuses de notre siècle, arrachant trop souvent des populations entières aux saines habitudes de la vie domestique et agricole, à une existence réglée, honnête, à des goûts modestes et sans cesse tempérés par l'épargne, pour créer les grandes agglomérations ouvrières avec leurs maximes et le triste empire des camaraderies d'atelier. Honneur aux fabricants qui ont su comprendre les nécessités du progrès industriel, tout en épargnant aux populations dépendant de leur usine quelques-uns de ces maux! Dans le nombre trop restreint de ces établissements, il convient de placer, Messieurs, le tissage de rubans, fondé, en 1852, par MM. Colcombet, à la Séauve (Haute-Loire).

Petit-fils de M. Salichon de Saint-Just-Malmont qui après un séjour en Suisse, s'était appliqué le premier, non sans péril pour sa fortune, à substituer au métier à basse lisse le métier à la zurichoise, tissant trente pièces à la fois, M. Colcombet résolut de renouveler cette tentative et de réunir dans un atelier bien aménagé les filles des tisserands qui depuis de longues années travaillaient, dans les montagnes de la Haute-Loire, pour le comptoir de son père à Saint-Étienne.

C'est dans ce but qu'il établit, en 1852, à *Séauve*, une manufacture outillée en vue de répondre au perfectionnement de la fabrication mécanique et de produire des articles qui fussent capables de lutter, sur le marché étranger, avec ceux dont la Prusse rhénane possédait jusqu'alors le monopole : 15 années d'efforts intelligents l'ont conduit au succès ; mais il le doit aussi, pour une grande part, à l'internat manufacturier de jeunes filles installé, dès le principe, comme base de son entreprise.

S'inspirant de l'exemple déjà ancien de **M. Bonnet**, à *Jujurieu*, M. Colcombet comprit toutes les reessources que pouvait lui offrir une organisation de même nature. Mais à l'entente industrielle, la sollicitude morale ajouta ses conseils et lui dicta des sacrifices devenus aujourd'hui fructueux.

Ce n'est pas que son patronage s'exerce d'une manière directe. A la Séauve, comme à la Glacière, aux Andelys et à Persan, la direction des jeunes filles est essentiellement remise à des religieuses, qui sont ici celles de Saint-Joseph. C'est l'une d'elles qui préside à la discipline de l'atelier de dévidage, une autre à celle de l'atelier du cannetage, une autre à l'école : 40 élèves chaque jour, sur 180 ouvrières âgées de 15 à 25 ans, y reçoivent une heure d'enseignement, l'instruction y est réduite à des connaissances assez élémentaires. Mais la couture occupe en dehors de l'école quelques loisirs laissés par le travail : on emploie les déchets de soie à broder des ornements d'églises donnés ensuite aux paroisses pauvres; 50 jeunes ouvrières environ se sont faites religieuses. La direction morale est sous l'influence très-immédiate, on le voit, des membres de la congrégation qui en partagent la charge avec un aumônier.

Toutefois l'intervention personnelle du patron ne laisse pas de s'exercer d'une manière assez fréquente et directe : aussi règne-t-il à son égard des sentiments sincères d'affection et de reconnaissance, et c'est un jour de fête, auquel il aime à prendre sa part, que celui ou d'anciennes élèves, mariées dans la contrée, reviennent visiter l'usine dans laquelle sont restés parfois leurs meilleurs souvenirs.

Enfin — et ce trait me paraît essentiel — les relations des élèves avec leurs familles ne sont pas rompues. La chaumière des parents revoit chaque dimanche les jeunes ouvrières sous son toit, et ces familles agricoles, — heureux privilége de l'usine rurale ! — loin d'éveiller chez les enfants des pensées d'antagonisme contre l'établissement, confirment plutôt les saines influences qu'ils y reçoivent.

Les dispositions matérielles de l'internat, sans égaler celles de la Glacière, sont satisfaisantes. Le patron toutefois, après une expérience de quelques années, a renoncé à pourvoir directement à la nourriture des enfants. Il se borne à mettre à leur disposition, sous la surveillance des sœurs, des fourneaux économiques où elles préparent elles-mêmes les aliments placés dans leur besace chaque dimanche par les soins de leur famille.

Mais en même temps, M. Colcombet a doublé les prix de façon, mettant chaque jeune fille à ses pièces et supprimant les salaires à la journée et le système de primes auquel il avait recours dans le principe pour faire venir des ouvrières à l'usine. Le salaire des élèves varie aujourd'hui, sans compter le logement et le chauffage, entre 15 et 18 francs par semaine. Une caisse d'épargne reçoit leurs dépôts. C'est ainsi que trois sœurs ont gagné entre elles, en trois ans, une somme de 4,767 fr. 85 c.

Signalons encore, comme traits heureux, l'existence d'une chapelle placée dans l'enceinte de l'usine et celle d'une bibliothèque; enfin une pratique touchante, dont je ne sais pas d'autre exemple : chaque éléve, à tour de rôle, est chargée du soin de distribuer aux familles pauvres du voisinage les secours alloués par le patron, ou prélevés sur le produit des amendes. Noble usage qui associe ces jeunes ouvrières au plus élevé des priviléges, celui de la charité !

M. SARDA.

Manufacture de rubans velours, aux Mazeaux.

Fondée en 1853 par M. Sarda, dans un écart de la commune de Saint-Didier-la-Séauve, la manufacture des *Mazeaux* contient des ateliers multiples distribués sur les deux rives de la Sémène, parmi lesquels un certain nombre renferme de jeunes ouvrières internes, dirigées par des maitresses ourdisseuses et dévideuses.

Logées dans l'établissement, elles y trouvent des fourneaux alimentaires où, avec le concours d'uue cuisinière, elles préparent leurs aliments. Les ateliers sont bien disposés. Le travail se fait à la tâche à part le moulinage ; sa durée est de 10 heures. Les conditions de salaire se rapprochent de celles établies chez M. Colcombet, avec cette différence que pendant les six premiers mois l'ouvrière ne reçoit que 12 francs par semaine, somme portée à 14 pendant les mois qui suivent. Une école du soir à été organisée par le patron, mais il faut reconnaître qu'elle est suivie par peu d'internes. L'établissement compte une chapelle assez vaste pour contenir le personnel de la manufacture et ou des offices sont célébrés le dimanche et le jeudi.

FILATURES ET MOULINAGES DE LA DROME ET DE L'ARDÈCHE.

—

Descendant des montagnes qui forment la double chaîne entre laquelle se développe la riche vallée du Rhône, de nombreux cours d'eau, bordés d'allées de mûriers, mettent en mouvement des usines, de toutes parts destinées au filage et au dévidage de la soie. Nous sommes au cœur de la contrée où cette fabrication a pris son plein essor. Pour m'orienter, par un caractère général, au milieu du grand nombre d'internats annexés aux fabriques, permettez-moi, Messieurs, de répartir les meilleurs d'entre eux, les seuls dont j'aie à vous entretenir, en deux catégories que je ne crois pas arbitraires.

L'une comprend les établissements reliés assez étroitement à des congrégations pour avoir pris quelque chose de leurs allures, et pour qu'elles y trouvent parfois, comme à la Séauve, une occasion de s'y recruter dans une assez large mesure.

L'autre est celle des établissements plus indépendants, disposés néanmoins à user du concours des congrégations, mais pour certains services spéciaux et circonscrits, et avec la condition assez expresse de réserver à l'administration laïque un pouvoir exclusif dans les ateliers.

MM. DURAND FRÈRES.

Filature et tissage de soie, à Vizille.

Dans cette dernière classe et au premier rang, se placent les vastes établissements de **MM.** Durand frères, de Lyon, fabricants d'étoffes de soie, foulards et crêpes, à Vizille (Isère) et au Cheylard (Ardèche).

La fondation de l'usine du *Péage*, près Vizille, remonte à 1839. Des baraquements servaient alors de logis plus que modestes aux ouvrières. A leur place se dressent aujourd'hui des ateliers spacieux de décreusage, carderie et filature de déchets de soie, de moulinage et tissage; des dortoirs et réfectoires destinés à 300 jeunes filles internes; de nombreuses habitations aménagées suivant le système de Mulhouse pour 400 ouvrières et 200 ouvriers, qui forment ensemble une véritable cité, avec ses rues, ses places, son éclairage au gaz et sa télégraphie. Au Cheylard,

700 ouvriers sont spécialement employés à l'impression et à la teinture ; on n'y compte qu'un tiers de femmes ou de jeunes filles.

La discipline de l'internat de Vizille, pour être conçue sur des bases libérales, ne se distingue pas moins par sa fermeté dans les points qu'elle a voulu régler. Les jeunes filles y contractent des habitudes d'ordre et de propreté qu'elles reportent dans leurs familles, et qui forment un frappant contraste avec celles qui règnent encore d'une manière trop générale dans la contrée.

Sept religieuses de la Sainte-Famille sont préposées à la direction des dortoirs et des réfectoires, à la surveillance des jeunes filles pendant les heures de récréation, et au soin de l'instruction, mais sans avoir aucun rôle dans les ateliers. Une chapelle a été construite au sein de l'établissement ; un aumônier y tient un office quotidien, mais les internes s'y rendent librement ; chaque mercredi soir une instruction y est donnée, mais elle s'adresse à tout le personnel de l'usine ; les offices y sont célébrés chaque dimanche, mais le public y est admis. C'est ainsi qu'une large part est faite à l'esprit religieux, mais aucune à l'esprit claustral. Il n'y a d'obligatoire que les instructions préparatoires à la première communion, prélevées sur les heures du travail.

L'influence du régime substantiel assuré par le patron s'est traduite par des résultats hygiéniques considérables, et les sacrifices qu'il s'impose à cet égard sont d'autant plus dignes d'éloges qu'ils s'appliquent à un système moins imité dans la contrée qui nous occupe.

Chaque samedi, le travail cesse dans l'après-midi, car l'interne doit être arrivée de bonne heure dans sa famille.

Des subventions en sabots, laines à tricoter, toile pour chemise sont faites à prix réduit aux ouvrières et gratuitement aux orphelines.

Enfin des cours d'instruction complémentaire, dirigés par les religieuses, réunissent chaque jour, pendant une heure, les ouvrières internes.

M. LOUIS BLANCHON.

Filature de soie, à Saint-Julien et à Saint-Alban (Ardèche).

Créé il y a quarante ans, cet atelier, successivement agrandi et perfectionné, offre aujourd'hui des installations modèles pour le dévidage des cocons et le traitement de la soie.

L'établissement renferme deux catégories d'ouvrières : l'une composée d'ouvrières libres ; l'autre, instituée depuis quatre ans, comprend des ouvrières engagées. Les premières travaillent à la journée, et sont, dans le courant de la semaine, lavées, chauffées et éclairées par l'établissement suivant l'usage habituel des internats manufacturiers. Le service ne se distingue à cet égard que par l'ordre qui y préside. Le samedi, des voitures de l'usine conduisent les jeunes filles dans les hameaux, chez leurs parents, et les ramènent le dimanche soir avec leurs provisions de la semaine.

Les dortoirs sont vastes et bien tenus, mais les élèves couchent deux à deux. Chaque ouvrière a son placard. La prière est célébrée tous les jours, pour chaque culte, dans des locaux distincts. Toutes les jeunes filles doivent y assister.

Quant aux ouvrières engagées, au nombre de 50, elles se composent de jeunes filles âgées de 12 à 16 ans, qui passent un contrat, mais pour trois années seulement. Elles reçoivent un léger salaire, sont nourries, blanchies, habillées, suivent une classe d'instruction élémentaire et sont formées à la couture, ainsi que, tour à tour, aux différents soins du ménage, sous la direction d'une femme âgée et respectable.

COMMUNAUTÉ DES SS. CC. DE JÉSUS ET MARIE DE RECOUBEAU (DRÔME).

Fondée pour la surveillance des ateliers séricicoles.

Comme type des établissements qui pourraient être classés dans une seconde catégorie, je dois vous entretenir, Messieurs, de ceux qui relèvent d'une congrégation spéciale, celle des SS. CC. de Jésus et Marie de Recoubeau, née au sein des ateliers séricicoles, consacrée tout entière à leur surveillance, et qui a pris pour unique sphère de développement celle des internats manufacturiers qui nous occupent.

Fondée, le 1er juin 1851, par Mme la baronne de Montbrond, avec la protection de l'évêque de Valence et des autorités locales et sous la direction de M. A. Née, chanoine honoraire, la première œuvre de la congrégation naissante fut d'instituer à *Recoubeau* un orphelinat basé sur le travail de la soie.

Après d'assez longues traverses, la communauté put enfin

l'installer dans une belle fabrique, aujourd'hui annexée à la maison conventuelle, et par décret du 28 novembre 1866, elle obtint sa reconnaissance légale.

ORPHELINAT DE RECOUBEAU.

L'orphelinat, qui est en même temps une filature de soie, sert pour ainsi dire d'école spéciale aux sœurs. C'est là qu'au nombre aujourd'hui de 84 elles se sont tour à tour formées aux exigences multiples de l'industrie, et qu'elles ont acquis certaines connaissances techniques indispensables à la mission que leur congrégation s'est proposée pour but.

Les orphelines sont au nombre de 80. Jusqu'à 19 ans elles sont employées à l'ouvraison de la soie. La durée du travail varie suivant leur âge et leur force. De 19 à 21 ans elles sont spécialement occupées aux soins de la cuisine, de la couture, du repassage, et préparées ainsi à entrer en service. Une instruction élémentaire leur est également donnée; la classe dure une heure par jour. De petites primes leur permettent de pourvoir à leurs dépenses d'habillement et de raccommodage. L'excédant leur est remis à 21 ans, moment auquel elles quittent la maison, avec leur trousseau.

Sept établissements industriels se rattachent déjà à la congrégation :

1° *Filature de M. Lacroix, à Montboucher* (Drôme).

La première et la plus importante est la filature de M. Lacroix, à Montboucher (Drôme).

Cet atelier ne comprend pas moins de 300 ouvrières, dont 200 internes, employées à la filature et au moulinage.

Dix religieuses se partagent les soins de la direction. Une chapelle est annexée à l'usine et pourvue d'un aumônier.

2° *Ateliers de M. Cotte, à Clérieux* (Drôme).

Huit religieuses président à la direction des ateliers, comprenant 250 ouvrières en majorité internes.

3° *Ateliers de M. Vincent, à Privas* (Ardèche).

40 à 50 orphelines, occupées au travail de la soie, y sont confiées à quatre religieuses.

4° Ateliers de M. Albert Durand, à Tours (Indre-et-Loire).

Cet établissement, qui se rattache au groupe parisien par sa situation comme par sa spécialité, celle des soies à coudre dites de Tours, comprend 50 internes employées au dévidage et au retordage ; elles sont dirigées par six religieuses.

5° Ateliers de M. Colomban, à Allan (Drôme).

Trois religieuses ont sous leur surveillance cent ouvrières, employées à l'ouvraison de la soie.

6° Gérignan (Vaucluse).

80 ouvrières, occupées au moulinage, y sont dirigées par trois sœurs.

7° Ateliers de M. Chabert, à Chomerac (Ardèche).

5 à 600 ouvrières, internes en partie, sont partagées entre plusieurs fabriques. L'intervention des Religieuses de la congrégation de Recoubeau vient seulement d'être réclamée ; elles ne sont encore dans l'établissement qu'au nombre de trois ; leur nombre doit s'élever prochainement à dix. Elles auront pour mission d'administrer la lingerie, l'infirmerie, de diriger une école, et de surveiller les ateliers.

Le règlement de la Congrégation a été fait en vue d'en accommoder les règles aux exigences de l'usine et d'éviter ainsi les entraves qui troubleraient le travail industriel. Recrutées pour la plupart parmi les jeunes filles employées à l'ouvraison de la soie, les sœurs sont aptes à surveiller même le travail matériel des jeunes ouvrières, en même temps qu'elles pourvoient à leur instruction, à leur éducation religieuse et à leur bonne tenue.

A côté de cette série d'établissements, il convient d'en placer d'autres en rapport avec des congrégations diverses et tout d'abord avec l'importante association religieuse de SAINT-JOSEPH, *aux Chartreux*, à Lyon, dont nous avons déjà trouvé les membres à l'œuvre, chez M. Colcombet.

M. J.-B. PETRUS MARTIN.

Fabrique de peluches, à Tarare.

Dans ce nombre se place au premier rang l'important moulinage de soie de MM. Petrus Martin, à *Tarare*. 500 ouvrières internes y sont employées sous la direction de 22 religieuses de Saint-Joseph.

La durée du contrat est de 3 ans : les jeunes filles gagnent dans l'établissement, outre leur entretien, de 70 à 100 francs par an. Le travail y est de douze heures. Des oriflammes désignent pendant un mois, dans chaque salle, la place des plus méritantes.

Les installations matérielles sont bien aménagées. Elles comprennent une salle d'étude et de récréation. Les dortoirs sont chauffés à l'eau chaude.

Les élèves suivent le dimanche un cours d'instruction répétitoire. Une salle d'asile, tenue par les sœurs, est d'ailleurs annexée à la maison pour les enfants des ouvriers.

M. VIGNAT.

Moulinage et fabrique de rubans, à Bourg-Argental (Loire).

Des dispositions analogues ont été organisées, sous la direction des sœurs de Saint-Joseph, dans la fabrique de M. Vignat, à Bourg-Argental, qui n'occupe d'ailleurs que 100 ouvrières, tant internes qu'externes.

M. AUGER.

Fabrique de soieries, à Boussieu près Bourgoin (Isère).

L'organisation de cet établissement rentre dans la même classe d'institutions ; à coté d'un régime un peu claustral, on y remarque diverses mesures propres à assurer aux ouvriers à leur sortie un petit pécule. La tenue de l'usine est d'ailleurs excellente et il convient d'y faire la part à l'heureuse influence qu'y exerce M. l'abbé Ginier, aumônier spécialement attaché à la fabrique.

FILATURE DE RENAGE (ISÈRE).

L'internat comprend cent ouvrières environ. Elles sont placées sous la direction de *Religieuses de Saint-Vincent-de-Paul*.

M. BLACHIER.

Tissage de soie, à Annonay (Ardèche).

200 internes, âgées pour la plupart de 14 à 22 ans, enfants des hospices de Lyon et de Saint-Etienne, y travaillent sous la direction des *Sœurs de la Sainte-Famille.*

Les dortoirs sont vastes et aérés; la discipline est exacte et bien réglée. Les jeunes filles qui ont leur famille peuvent y retourner le dimanche et rapporter leur nourriture, préparée aux frais de l'établissement. Les autres couvrent leur entretien par abonnement, à raison de 12 à 15 francs par mois.

Ce système obtient une faveur croissante. Un troisième mode, celui de portions servies dans le réfectoire, n'est guère adopté que par les ménages employés dans l'établissement.

ALLEMAGNE.

—

LES ÉTABLISSEMENTS DE LA VALLÉE DU RHIN.

Si la France a les plus nombreuses et les plus riches fabriques de soie, elle est loin d'en posséder le monopole. Bâle et la vallée du Rhin comptent, non-seulement pour la fabrication des rubans, mais pour celle des soies à coudre comme pour le peignage des déchets, des établissements d'une importance considérable, et que distingue autant le mérite technique que l'esprit patriarcal qui préside aux relations de l'atelier.

M. RICHTER-LINDER.

Dévidage de soie à Schoren, près Bâle.

Fondé en 1850, à *Schoren,* annexe de Bâle, reliée au petit Huningue, le dévidage de M. Richter-Linder occupe exclusivement des jeunes filles indigentes ou orphelines que lui confient en général les Présidents des communes du canton, à l'âge de 12 ans, moment auquel expire l'obligation scolaire, pour 4 années consécutives, suivies parfois d'un second engagement de

2 ans. Ce personnel fixe de pensionnaires assure à la fabrication de M. Ritcher-Linder une réserve dont il apprécie particulièrement la stabilité aux époques de reprise, où, comme à son dévidage de Saint-Jacob, les ouvrières deviennent d'autant plus rares qu'elles sont de toutes parts plus nécessaires et plus recherchées.

Deux cents jeunes filles, aux portes de Bâle, y vivent dans une liberté qui fait contraste dès l'abord avec les organisations modèles de la vallée du Rhône. Vous les voyez jouer sans surveillantes sur les pelouses irriguées couvertes et ombragées d'arbres fruitiers qui s'étendent jusqu'au chemin public. Ici plus de murs, de grilles, plus même de fossé; plus de règlements interdisant tout rapport avec l'intérieur, sauf à quelques instants favorisés. Au contraire, le patron se plaît à voir les jeunes filles de son atelier aller fréquemment passer quelques jours au village chez un parent, car il professe hautement ce principe qu'il doit former ses ouvrières à la liberté; il évite donc pour elles une vie recluse qui les laisserait sans défense le jour où elles quitteraient son toit protecteur. Il veut qu'elles se mêlent aux jeunes filles de Huningue le dimanche à l'église, trois fois par semaine, à l'école répétitoire et à celle de couture; les jours fériés elles se divertissent sans autre contrôle que celui des plus grandes sur les plus jeunes. C'est le seul aussi qui règne dans les dortoirs. Etrange abandon, penserez-vous peut-être, et qui doit porter nécessairement des conséquences funestes! Il n'en est rien, Messieurs, la moralité est exemplaire dans l'établissement. On n'y citerait pas une faute grave commise contre elle. Mais le patron a son secret, et le voici : il s'est imposé le devoir, à lui et à sa jeune femme, fidèle sous ce rapport à l'exemple et aux volontés de son aïeul, de vivre personnellement avec ses ouvrières, et de s'asseoir à chaque repas à la même table. Trois fois par jour, comme pour le culte du soir (1),

(1) Le culte précède le souper; il se compose de chants et prières en langue nationale. Deux heures sont ensuite consacrées en général au tricot et aux travaux à l'aiguille.

La disposition des repas est la suivante :

Matin à 5 heures, soupe ou café;

A *midi*, dîner, avec de la viande trois fois par semaine. Les autres jours, macaronis, pâtes, etc;

A *4 heures*, pain;

A *7 heures et 1/2*, souper.

Le travail dure de 6 heures à midi et de 1 heure à 7 heures, avec deux heures d'intervalle; les ouvrières dévident assises.

elles se retrouvent toutes dans la grande salle, sous la présidence du chef, sous sa garde vigilante et affectueuse, enfants de sa maison, et ce sentiment, Messieurs, — les faits sont là pour l'attester, — supplée à bien des règles, à bien des surveillances et des autorités.

Aussi le travail est-il particulièrement joyeux. Les chants ont peine à s'arrêter tandis que tournent les dévidoirs, et ce n'est pas sur un signal descendu de la tribune d'une surveillante, c'est spontanément qu'ils s'entonnent et se prolongent.

A l'atelier est annexée la métairie; 9 vaches y fournissent à la table commune un lait abondant, et quand vient la récolte des prés, les métiers s'arrêtent pour laisser les jeunes faneuses faire à elles seules toute la besogne de la ferme.

Une digne veuve, frau Peter, préside d'ailleurs aux travaux et à la direction des différents services de la maison, confiés à tour de rôle, pendant 15 jours consécutifs, à deux élèves des ateliers. Il est un domaine toutefois qu'elle s'est spécialement réservé, c'est celui de l'infirmerie et des soins hygiéniques. Quand les quatre années de l'engagement expirent, un pécule en argent de 300 francs est compté à chaque ouvrière, augmenté du montant des primes mensuelles qu'elles ont gagné, lorsqu'il excède leurs dépenses de vêtement.

M. METZ.

Fabrique de soies à coudre à Fribourg-en-Brisgau
(Grand-Duché de Bade).

Je ne vous arrêterai pas, Messieurs, sur la fabrique de rubans de *Sœckingen* et sur les établissements voisins de MM. *Bally* et *Kim*, analogues sur quelques points à celui de **M.** Richer Linder mais avec des caractères moins accusés. J'ai hâte de terminer cette étude, en ce qui concerne l'industrie de la soie, par l'exemple de l'usine que je n'hésite pas à placer en première ligne et à signaler comme le type qui m'a paru le plus accompli, c'est la fabrique de soies à coudre de **M.** *Metz*, à *Fribourg-en-Brisgau* (Grand-Duché de Bade).

Nulle part, — et je n'hésiterais pas à rendre même à un étranger ce témoignage, — je n'ai rencontré des aménagements plus étudiés, mieux conçus; un régime plus favorable à la jeune ouvrière, et surtout l'action personnelle — ce levier de toute influence morale, — exercée avec plus de vigilance et de dévouement.

Dispositions matérielles.

De toutes les installations, la plus habituellement défectueuse, dans les internats manufacturiers du Midi, est celle des dortoirs. Un trop grand nombre d'établissements, ceux mêmes qui relèvent de riches maisons, ne possèdent qu'un lit pour deux ouvrières. Le désordre, la tenue négligente et parfois la malpropreté de ces salles montrent combien rarement la vigilance du patron s'y exerce.

Chez M. Metz, les dortoirs n'ont rien que de simple, mais la propreté en est grande; chaque samedi les planchers de sapin sont lavés, les boiseries cirées, les cuivres frottés. Le plus ancien était disposé en longue galerie permettant à un seul coup d'œil d'en embrasser l'ensemble. Mais M. Metz a complété ce système par une série de chambres où sont placés des groupes choisis d'élèves, témoignage de la confiance qu'elles inspirent. Les jeunes filles y sont laissées au sentiment de leur propre responsabilité, et la tenue exceptionnelle de ces pièces montre que M. Metz n'a pas trop compté sur le pouvoir de ce sentiment, quand il est cultivé avec soin. Après une expérience assez longue, M. Metz s'est arrêté au chiffre de 8 lits, comme le mieux approprié à chaque salle. Au-dessus, on retombe, à son avis, dans les inconvénients des grands dortoirs. Au-dessous, la surveillance mutuelle s'exerce dans des conditions moins favorables et le sentiment de la règle risque de s'affaiblir au milieu de compagnies trop intimes. Dans ces chambres, tout rappelle d'ailleurs la famille; c'est un groupe de portraits disposés sur la paroi, au-dessus du lit de l'ouvrière; c'est une pieuse devise encadrée, souvenir de la maison paternelle; c'est un choix de livres composant une petite bibliothèque personnelle; ce sont quelques vases de fleurs sur la fenêtre.

Les dispositions du réfectoire facilitent le bon ordre; au lieu de ces longues tables autour desquelles la foule de jeunes filles doit se répandre, il contient, séparées par de larges allées, plusieurs séries de tables courtes, affectées chacune à 12 ouvrières.

Deux gamelles déposées avant leur arrivée, à l'une et l'autre des extrémités, contient : la première la soupe, dans laquelle est placée la viande, et la seconde les légumes; deux élèves, dont la place est à l'un et l'autre bout de chaque table, distribuent, à tour de rôle, les portions dans les assiettes, dès que, la prière étant faite, chacun s'est assis, et elles renouvellent cette distribution autant de fois qu'on le demande. Le repas se fait ainsi d'une manière expéditive et ordonnée; au reste le patron est toujours là, même au déjeuner de 5 heures 1/2 du matin, et c'est à lui qu'on présente une assiette de tous les mets, qu'il s'est fait loi de goûter chaque fois le premier.

La cuisine offre des chefs-d'œuvre d'agencements économiques. C'est la vapeur d'échappement de la machine qui va se répandre autour de quatre vastes marmites où elle est réglée par un robinet, et détermine, sans frais, la cuisson la plus régulière, concentrant les aliments, sans jamais les brûler. Des machines à couper le pain, à couper les légumes y fonctionnent avec art.

Le régime est substantiel et abondant. Café le matin, grâce aux huit vaches de l'usine; dîner composé de soupe, légumes et viande deux fois par semaine; à 4 heures, pain et fromage; à 7 heures, soupe et légumes. J'ai goûté les aliments et je puis témoigner de l'aspect appétissant qu'ils présentent et du mérite de la recette qui consiste à mêler à chaque sorte de légumes un tiers environ de pommes de terre.

Mais le mérite surtout qu'apprécient les ouvrières, c'est d'être ainsi nourries pour 9 kreutzers par jour (32 centimes), somme qui, à 2 kreutzers près, couvre en moyenne la dépense du patron.

Je devrais vous entretenir encore de la salle d'ouvroir éclairée au gaz, comme les dortoirs et les réfectoires, qui s'ouvre sur les jardins et dont les parois sont ornées des belles gravures empruntées à la Bible populaire de Schnorr; des belles dispositions de la buanderie, des salles de bains, et surtout de la pièce spacieuse qui se construit, à l'instar des installations anglaises et américaines, près de l'ouvroir, comme bibliothèque et salle de lecture.

Conditions du travail.

Mais j'ai hâte d'en venir aux conditions même du travail faites à l'ouvrière. Ici pas de contrat. Le patron estime que l'opération consistant à filer la soie ne saurait devenir une profession pour ses ouvrières. Il n'y voit qu'une occupation transitoire, assurant à la jeune fille un salaire lors de sa sortie de l'école jusqu'à l'âge où, devenue adulte, elle pourra se livrer à des travaux plus fatigants. Il s'applaudit qu'elle entre en service, et ne veut pas que, si une bonne place est trouvée, il y ait aucun lien qui la retienne. Les ouvrières sont donc libérées d'une semaine à l'autre et toutefois l'usine, grâce à sa bonne renommée, a toujours plus de postulantes que de vacances.

Le salaire d'ailleurs est rémunérateur ; commençant dès le premier jour avec 26 kr. il est porté, après trois mois, à 27 kr., après six mois, à 28 (un franc par jour), après un an, à 29 kr. puis continue chaque année à s'élever d'un kreutzer.

La seule condition posée est qu'un florin au moins (2 fr. 10) soit laissé tous les mois à la caisse d'épargne de l'établissement. Le pécule ainsi constitué est définitivement acquis à l'ouvrière à quelque époque qu'elle quitte la maison.

Quant à la discipline, loin de s'interposer entre les rapports des élèves avec leur famille, elle les favorise. Les salles où les élèves se réunissent s'ouvrent sur les riantes prairies qui bordent la Kintzig et se mêlent aux jardins du patron, s'étendant sans fermeture jusqu'à la route du Val-d'Enfer: les jeunes filles y prennent en liberté leurs ébats.

Mais je dois faire ici la même observation qu'à l'égard de l'établissement de M. Richter Linder. Si cette liberté, sans laquelle les plus remarquables résultats restent fragiles et douteux, peut régner dans la discipline, c'est qu'elle a pour contre-poids l'intervention incessante du patron. Sa force est, à mon avis, dans le rôle qu'il a réservé à son activité personnelle.

Il faut, pour le comprendre, voir ce vétéran industriel, ce chef d'une des plus puissantes maisons d'Allemagne, avant l'aube, présent à la première réunion de ses ouvrières, assistant à tous leurs repas, excepté celui de midi, où il est remplacé par son fils. Quand vient le moment du culte du soir, ce n'est plus lui seul qui y préside, ce sont tous les membres de sa famille qui se transportent dans la grande salle où les jeunes filles achèvent leur soirée en lisant ou en causant, car à six heures le travail des ateliers est terminé.

La paie se fait tous les samedis sous la présidence du chef. Les jeunes filles de chaque atelier se rendent devant lui avec les contre-maîtresses. Sur une vaste table sont déposés autant de billets que d'ouvrières, contenant le compte des gains de chacune. Au revers de ces billets, sont portées les plaintes et les propositions d'amendes des chefs de salle, qui sont lues à l'ouvrière quand elle s'avance pour recevoir son salaire. M. Metz écoute ses observations, la réponse des contre-maîtres, arrête, s'il y a lieu, les retenues. C'est une sorte de tribunal paternel où l'ouvrière est jugée avec affection en présence de ses compagnes. En même temps, M. Metz lui demande quelle somme elle entend laisser la semaine suivante à la caisse d'épargne ; note en est aussitôt prise, et le montant en est décompté à la paie prochaine.

A la fin de chaque année, le jour de la fête de Noël, les comptes des sommes déposées par les ouvrières, sommes augmentées de primes variant de 3 à 5 florins pour toutes celles qui n'ont pas eu dans l'année plus de deux amendes, sont remises à chacune des jeunes filles par le patron, sur une feuille élégante, accompagnée chaque fois de maximes ou de poésies choisies par M. Metz. Conservées avec soin, ces feuilles sont pour les familles le meilleur témoignage de la conduite de leurs enfants.

« An Gottes segen ist alles gelegen. » *Tout appuyer sur la bénédiction de Dieu*, tel est le favori de ces adages; celui placé en tête de chacune de ces feuilles, à côté de cet autre précepte : « Bete und arbeite. » *Prie et travaille*. M. Metz en a fait sa double devise et il attribue à ses efforts pour y rester fidèle, le remarquable succès dont a été couronnée son entreprise.

Succursales.

Ce n'est pas en effet à Fribourg-en-Brisgau seulement que sa fabrication s'est développée, cinq succursales ont été tour à tour organisées par ses soins dans les vallées de la Forêt-Noire; elles comprennent ensemble 800 ouvrières. Pour ne pas trop éloigner les jeunes filles de leur famille, pour ne pas dépasser le chiffre que la surveillance d'un homme peut aisément embrasser, il a tour à tour ouvert des ateliers à *Haslach*, à *Nurdingen*, à *Munsterthal*, au milieu de populations attirées par les exploitations d'une puissante compagnie anglaise et qui avaient été aussi soudainement arrêtées qu'elles avaient été brusquement commencées. Dans les établissements de M. Metz, au contraire l'usine cherche ses ouvriers. Ce système, qui permet à l'alliance si féconde des travaux industriels et agricoles de se développer, n'est possible à M. Metz que grâce à la parfaite sécurité que lui inspirent, à si juste titre, les contre-maîtresses élevées dans sa maison et formées dès longtemps à l'esprit qui y règne.

Sa confiance à cet égard est si grande, qu'il a pu ouvrir jusque dans la haute Arménie un atelier où sont préparées les soies du Levant. Cette lointaine succursale, fondée il y a vingt-cinq ans, à *Amasia*, située à cent lieues plus loin que Trébizonde, comme simple comptoir, renferme, depuis 1856, une filature de soie où travaillent aujourd'hui 120 jeunes Arméniennes. Des forêts ont été abattues pour faire les constructions et les entourer de maisons européennes, des chemins ont été ouverts, et déjà une colonie allemande se groupe autour de la fabrique. Un pasteur, payé par l'établissement, y a commencé une œuvre missionnaire, complétant ainsi celle de civilisation que M. Metz poursuit dans cette lointaine contrée (1).

Je terminerai, Messieurs, par ce renseignement que m'a donné M. le Dr Dietz, directeur du commerce et de l'industrie dans le grand-duché de Bade. Il résulterait d'une enquête faite par ce fonctionnaire que non-seulement le fait d'avoir été élève de M. Metz est une recommandation publique pour la jeune fille, qui facilite son mariage, mais que, depuis vingt ans, il ne s'est pas produit dans les établissements de cet industriel un seul cas de naissance illégitime.

INDUSTRIES DIVERSES

—

Les filatures de coton n'ont eu recours, en Europe, aux internats que d'une manière trop exceptionnelle, pour constituer un chapitre spécial dans cette étude.

Je les rattacherai aux industries diverses qui, même groupées en faisceaux, sont loin d'offrir la même importance que celle de la soie.

(1) A Fribourg-en-Brisgau, il n'y a pas d'aumônier attaché à l'établissement. C'est M. Metz, et sa digne collaboratrice, veuve d'un pasteur du grand-duché, et aujourd'hui directrice de l'internat, qui président à tous les cultes avec assez d'autorité morale pour que les divergences ecclésiastiques y soient comme oubliées. Les curés des villages voisins n'autorisent souvent les jeunes catéchumènes de leur paroisse à chercher du travail à Fribourg qu'à la condition expresse d'entrer chez M. Metz, qui pourtant professe le protestantisme. C'est qu'ils savent que chez lui les questions de diversités confessionnelles disparaissent enveloppées dans la charité et dans l'esprit chrétien.

FRANCE

Vous connaissez déjà à Paris l'atelier de brunisseuses de Mme *Cohadon*, 13, rue Chapon (30 jeunes filles) ; humble commencement, qui suffit toutefois à indiquer la route où il importerait tant de voir cette industrie s'engager.

Vous connaissez aussi la fabrique de *pâtes alimentaires* de M. *Groult*, à Vitry-sur-Seine, où 40 jeunes filles internes sont employées à l'empaquetage.

Enfin, des notices vous ont été présentées sur l'internat très-intéressant comprenant 50 jeunes filles environ, qui a été annexé à la filature de laine de M. *Harmel*, au *Val-des-Bois* (Marne), et que dirigent, avec le concours paternel de la famille du patron, les sœurs de Saint-Vincent-de-Paul. Sous la même direction, et avec un succès non moins satisfaisant, les ateliers de jeunes filles organisés par M. *Savart*, à Saint-Michel (Aisne), dans sa fabrique de chaussures clouées, vous ont été également signalés (1).

Parmi les industries qui semblent disposées à s'engager dans la même voie, on peut mentionner encore la *verrerie*.

C'est ainsi que, à *Gasc* (Orne), un internat a été organisé, dans des proportions encore restreintes, mais qui donnent déjà d'intéressants résultats.

Telle est encore à Paris (boulevard de la Santé), la *fabrique de fleurs artificielles* de Mlle de la Porte-Barnabé ; 150 jeunes ouvrières internes, de 12 à 21 ans, s'y entretiennent par leur travail dans des conditions satisfaisantes (2).

Dans la *papeterie*, les internats ont pris un développement qui mérite d'attirer particulièrement votre attention.

MM. DE CANSON MONTGOLFIER.
Papeterie de Vidalon-les-Annonay (Ardèche).

Fondée en 1693, par Raymond Montgolfier, érigée en 1784

(1) Comme type d'installations accomplies, il en est peu qui mérite d'être mentionné avant l'internat que M. *Muller* vient d'organiser dans sa fabrique de briques creuses à *Ivry-sur-Seine*. (Voir la notice de M. Robiquet.) Cet établissement est du reste spécial aux garçons.

(2) Cet établissement sera l'objet d'une note spéciale.

comme manufacture royale après la substitution des machines hollandaises à l'ancien système de fabrication à la cuve, possédée et dirigée depuis le principe par les membres de la même famille, la papeterie de Vidalon-lès-Annonay se distingue autant par le développement de ses installations mécaniques, ses vastes ateliers reliés au moyen de voies ferrées, et auxquels sont annexées des écoles et une chapelle, que par l'harmonie des relations qui y attachent les ouvriers au patron et la stabilité des mœurs; à tous ces titres, elle se distingue fort honorablement dans une industrie déjà supérieure, sous ces différents rapports, à un trop grand nombre d'autres fabrications.

A côté des familles groupées autour de l'usine, la papeterie de Vidalon compte deux internats : l'un de filles, l'autre de garçons.

L'internat de jeunes filles comprend 150 pensionnaires admises aussitôt après leur première communion et employées aux travaux de satinage, glaçage, collage, pliage et réglure.

Elles sont réparties en chambrées de 3 à 6 lits, sous l'autorité de contre-maîtresses. Des religieuses de Saint-Joseph participent à la surveillance et sont chargées du soin des malades et des écoles.

L'alimentation est laissée au compte des jeunes filles, qui préparent elles-mêmes leur repas, et s'approvisionnent soit le dimanche au domicile de leurs parents, soit dans un magasin largement pourvu de tous les objets nécessaires, vêtements, farines, denrées coloniales, vendues par la maison au prix coûtant. La discipline comporte une certaine liberté qui s'allie d'ailleurs à une bonne moralité.

Des primes diverses ont été instituées par MM. de Canson Montgolfier: prime d'ancienneté, qui s'accroît pendant 10 années, après lesquelles elle atteint son maximum. — Prime annuelle pour la propreté et la bonne tenue des chambres. — Prime annuelle pour les soins donnés aux ateliers et machines. — Prime d'assiduité et d'exactitude au travail. — Prime d'assiduité aux leçons de musique. — Gratification accordée aux ouvrières qui ont laissé des dépôts à la caisse d'épargne. Cette gratification est du 10e du montant annuel des dépôts.

Sur le montant des primes est prélevé celui des amendes. Leur produit profite à la caisse de secours, au moyen de laquelle les soins médicaux et les remèdes sont fournis gratuitement aux pensionnaires et aux ouvriers de l'établissement.

MM. BRETON FRÈRES.

Papeterie, à Pont-de-Claix (Isère).

Cet établissement fondé en 1822, présente, dans des proportions plus modestes, une organisation et des caractères analogues. MM. Breton, pour réunir un nombre suffisant d'ouvrières, y ont institué un vaste dortoir où sont logées 90 jeunes filles ou veuves, appartenant aux familles des villages environnants.

Les *Sœurs de la Providence* en ont la surveillance; elles pourvoient en même temps au soin des malades et à la direction des écoles. Une église est annexée à la fabrique; un chœur de chanteuses a été formé et s'y fait entendre avec succès. Le chef d'orchestre du théâtre de Grenoble vient trois fois par semaine pour en diriger les exercices.

La soupe est préparée deux fois par jour pour les ouvrières des dortoirs, et la moitié seulement du prix de revient en est retenu sur le salaire. Les pensionnaires pourvoient directement au reste de leur alimentation et ont plusieurs fourneaux économiques à leur disposition.

Une buanderie, un lavoir et des bains sont annexés à l'établissement. Des primes stimulent le travail et une caisse d'épargne reçoit les dépôts volontaires.

PAPETERIES DE FONTENAY ET DE MIRABEL ET BLACONS.

La fabrique de M. de *Montgolfier*, à *Fontenay* (Côte-d'Or); celle de MM. *Latune*, à *Mirabel et Blacons*, près Crest (Drôme), offrent l'une et l'autre des traits excellents, et une sorte d'internat d'ouvrières, en ce qu'un grand nombre de femmes et de filles sont logées dans l'établissement; toutefois le régime sous lequel elles sont placées ne diffère pas sensiblement de celui des autres ouvriers. L'internat existe de fait, mais sans organisation spéciale bien dessinée.

5

ALLEMAGNE

—

MM. SCHOELLER, MOEVISSEN ET BUCKLERS.

Filature de lin, à Duren (Province Rhénane).

L'Allemagne offre d'intéressants exemples d'internats industriels. Dans ce nombre il convient de signaler, à l'un des premiers rangs, celui annexé par MM. Schœller, Mœvissen et Bucklers, à leur manufacture de lin de *Duren* (Province rhénane).

Construite au milieu de populations agricoles éparses dans les campagnes, l'usine avait vu sa prospérité se développer et le nombre de ses ouvriers atteindre le chiffre de 850.

Caisse de secours, mesures prises pour réprimer l'ivrognerie, avances d'argent facilitant aux ouvriers l'achat de terres et d'habitations, maisons ouvrières, caisse d'épargne ouverte dans l'usine comme annexe de la caisse cantonale, telles étaient déjà les institutions organisées. Toutefois parmi les progrès à réaliser, il importait d'éviter chaque jour, et surtout en hiver, aux jeunes gens non mariés, les longs chemins qui les ramenaient dans leurs familles, éloignées parfois de plusieurs lieues.

Pour éviter que ces jeunes gens ne prissent pension chez d'autres ouvriers, où parfois garçons et filles étaient entassés sans surveillance, et ne trouvaient qu'une nourriture malsaine, MM. Schœller, Mœvissen et Bucklers se décidèrent à organiser deux internats. L'un, fondé en 1865, à quelque distance de l'usine, sous la direction d'un instituteur, compte 60 garçons. L'autre, plus ancien, commencé en 1857 avec 50 jeunes filles, en compte aujourd'hui 315 (1). Pour faciliter la discipline des dortoirs et rappeler la vie de famille, les chefs de l'établissement ont organisé un système de petites salles, placées au premier et au second étage de diverses habitations dont le rez-de-chaussée

(1) La progression des entrées a été la suivante. Je la cite parce que sa marche me paraît répondre à celle qui se produira généralement dans les institutions de cette nature :

1858 : 50	1862 : 110	1865 : 210
1859 : 70	1863 : 140	1866 : 300
1860 : 90	1864 : 160	1867 : 315
1861 : 100		

a été donné en logement à la famille d'un contre-maitre, chargé de la responsabilité des dortoirs de sa maison.

Les pièces ne contiennent que 5 lits, mais destinés chacun à 2 ouvrières. Du reste la ventilation y est bonne et il y règne de la propreté. Des lavabos bien disposés se trouvent dans chaque pièce. Les couloirs sont éclairés au gaz et des impostes permettent à la lumière de pénétrer dans les dortoirs. Une salle d'étude réunit le soir librement 150 jeunes filles, qui reçoivent par les soins de l'instituteur un enseignement complémentaire comprenant l'arithmétique, l'histoire et la géographie nationale. A 9 heures, au son de la cloche, chaque interne doit reprendre le chemin de la maison où se trouve son dortoir. Il n'y est pas reçu d'élèves avant 14 ans.

Durant la belle saison, les pensions deviennent à peu près désertes, car la plus grande partie des jeunes filles retournent tous les soirs chez leurs parents.

M. RODOLPHE DE DECKER.

Papeterie, à Eichberg, près Kirschberg (Silésie).

Fondée en 1837, et alimentant aujourd'hui 2 machines à vapeur, la papeterie d'Eichberg occupe 288 ouvriers ; ils sont logés pour la plupart dans les dépendances de l'usine qui est pourvue avec soin d'écoles, de caisses de secours et de caisses d'épargne.

42 jeunes filles font partie de ce personnel. M. de Decker a organisé pour elles un bâtiment spécial.

Au premier étage se trouvent des dortoirs bien disposés.

Au rez-de-chaussée, de vastes cuisines et des réfectoires, dans lesquels sont livrés des soupes et des aliments à prix réduits.

GRANDE BRETAGNE

L'Angleterre offre d'admirables exemples d'institutions ouvrières.

La filature de M. *Richardson*, de la Société des Amis, à *Bessbrock* ; l'établissement de M. *Bliss*, à *Chipping Norton* ; ceux de MM. *Ramson* et *Simss*, à *Ipswich* ; *John Hare*, à *Bristol* ; *R. W.*

Winfield, à *Birmingham* ; *James Kroy* et fils, à *Halifax*, mériteraient d'être décrits avec détails. Les chefs y déploient une remarquable énergie à combattre les vices et notamment le goût des boissons fortes, par l'institution de sociétés de tempérance dont ils font eux-mêmes partie. On les voit s'efforcer de réveiller l'esprit religieux en instituant dans l'usine des cultes qu'ils président en personne, et plus fréquemment encore poursuivre la diffusion de l'instruction, en instituant des bibliothèques et des salles de lectures, fournies avec abondance de volumes et de journaux.

Aucun d'eux toutefois n'a organisé d'internat industriel, et ceux même qui, comme M. *Adams*, dans sa fabrique de dentelle, occupent spécialement des jeunes filles et leur témoignent la plus vigilante sollicitude n'emploient que des externes.

GILDFORD MILLS.

Comté de Down, Irlande.

La filature de lin de Gildford-Mills compte 1,700 ouvriers, et sur ce nombre beaucoup de filles étrangères à l'endroit. Les chefs de l'établissement ont choisi parmi les ouvriers un certain nombre de familles particulièrement recommandables, et ce sont chez elles qu'ils placent en pension les jeunes filles sans famille dans la localité.

PANMURE WORKS.

Carnoustic, Écosse.

Le même système a été développé par MM. *James Smieton et fils* dans leur fabrique de toile de Carnoustic (Forfarshire, Écosse).

Trente maisons ouvrières, représentant un capital de 155,000 francs, ont été construites par ces industriels sur des modèles étudiés avec soin. Ils ont disposé dans une partie de ces maisons, au premier étage, des dortoirs avec toutes les dépendances utiles, et ils y logent, sous la garde et l'autorité de la famille établie au rez-de-chaussée, les jeunes filles employées dans leur fabrique.

Au milieu de la cité est une salle de lecture aménagée avec luxe. Des cours du soir, dirigés par d'habiles maîtres, y réunissent chaque soir une partie des jeunes ouvrières. D'autres s'assemblent sous la présidence des dames de la maison pour coudre, faire des lectures, ou recevoir des instructions religieuses et variées.

LONDON DRESSMAKING COMPANY.

18, Gilford street, Bonds street (Londres).

Fondé en 1864, par M. Thomas Hay, avec le patronage de quelques dames, cet établissement est une maison de confection organisée sous des inspirations de haute bienfaisance. Les ouvrières qui y sont employées y trouvent, avec le logement, une nourriture abondante ; chacune a sa chambre à coucher séparée par une cloison. Les ateliers sont ventilés avec beaucoup de soin. Le travail ne dure que dix heures ; à 7 heures 1/2 et à 10 heures 1/2 toutes les ouvrières se réunissent pour un culte domestique présidé par le directeur. Le dimanche, une salle de lecture est mise à leur disposition. Un pasteur est attaché à l'établissement, qui est aussi visité, chaque semaine, à tour de rôle, par l'une des dames du comité.

ÉTATS-UNIS

MM. CHAPIN.

Filature et fabrique de tissus du Pacific mills, à Lawrence (Massachussets).

Les manufactures de Lowell ont cessé, mais le régime admiré chez elles, il y a trente ans, subsiste dans la même province ; un éminent exemple en a été signalé au jury spécial de l'Exposition universelle, celui de M. William Chapin, à Lawrence.

L'établissement du *Pacific mills* est un vaste tissage de laine et de coton où sont employées 3,600 personnes, sur lesquelles on compte 1,700 femmes ; 825 vivent sous le régime de l'internat.

Je ne m'attacherai à décrire que cette organisation parmi celles si dignes d'être étudiées et qu'a exposées M. Alfred Leroux, dans son Rapport sur les travaux du jury (1).

____

(1) Jury spécial. Rapport de M. Alfred Leroux, vice-président du Corps législatif. Paris, 1867, chez Dupont, 1 vol. in-8. Extrait du rapport général publié sous la direction de M. Michel Chevalier.

Les jeunes filles pensionnaires sont réparties en 17 habitations placées sous la direction matérielle et morale d'autant de surintendantes, femmes âgées, choisies avec soin par les chefs de l'établissement. Ces habitations sont divisées en chambres meublées, ventilées et éclairées avec soin ; deux ouvrières prennent place dans chaque pièce. Au rez-de-chaussée, sont disposés les réfectoires.

L'ouvrière interne a droit au même salaire que l'externe, mais le montant en est divisé en trois parts ; l'une est retenue par la maison pour se couvrir des dépenses de logement et de nourriture ; l'autre est mise en réserve, pour constituer le pécule de l'ouvrière à sa sortie ou lui servir de dot au moment de son mariage ; la troisième est remise chaque mois à la jeune fille afin de la mettre en mesure de pourvoir à ses dépenses de vêtement, chauffage, blanchissage et menus frais.

Les internes jouissent d'une pleine liberté. Mais s'il arrive que l'une d'elles en fasse abus, elle est aussitôt mandée, avertie et, en cas de persistance, inflexiblement renvoyée. La moralité est des meilleures.

M. Chapin a institué, comme annexe de ces pensions d'internes, un vaste établissement de lecture, avec des salles spécialement réservées aux femmes et aux filles ; une bibliothèque de 4,000 volumes y a été réunie. Eclairées et chauffées tous les jours, de 6 heures du matin à dix heures du soir, ces pièces sont complétement pourvues de journaux et revues ; des conférences y sont fréquemment données.

Telle est l'institution qui, dans ces contrées où les familles sont en général nombreuses et actives, permet à la jeune fille d'alléger de bonne heure pour ses parents la charge de son éducation, la met en mesure de s'amasser par elle-même une dot que, plus tard, elle peut laisser dans la maison comme partie intégrante du capital social, ou dont elle dispose pour d'autres objets. Telle ouvrière, pour ne citer qu'un exemple, a employé cette somme à défrayer les études en médecine de son fiancé.

J'ai fini, Messieurs, cette trop incomplète esquisse. Puisset-elle avoir fait ressortir à vos yeux l'importance d'institutions que j'aime à considérer comme n'étant encore qu'à leur naissance.

Un principe me semble régir toute la question qui s'y rattache : Point de femme mariée dans l'usine, où la jeune fille au contraire doit trouver sa place.

Elle le doit, car c'est sa présence même qui trop souvent permet l'absence de la mère, dont le rôle est évidemment au foyer, près des berceaux, à la tête de cette activité domestique qui est au fond plus productive pour un ménage d'ouvrier, là où elle est bien dirigée, qu'un salaire industriel, et dont on ne l'écarte qu'en portant à la vie de famille, base de toute vraie moralité, le plus funeste coup.

La jeune fille au contraire a une dot à amasser. Les contacts de l'atelier, lorsqu'une discipline normale préside au travail de l'ouvrière et sauvegarde sa moralité, lui apportent cette seconde éducation, aussi nécessaire à la jeune fille qu'au jeune homme, avant de s'engager à travers les rudes leçons de la vie.

Sans doute les protections indispensables de la discipline manquent parfois à nos ateliers ; de trop justes causes devraient en écarter trop souvent la jeune fille honnête. Loin de moi de les oublier ! Messieurs, c'est à l'opinion à battre en brèche l'insouciance des chefs d'établissement qui tolèrent ces désordres, et c'est à vous à apporter dans cette lutte de courageuses réprobations, comme à ceux qui s'efforcent au contraire de guérir dans leur industrie ces plaies de l'atelier, l'encouragement, s'il est possible, de vos sympathies les plus cordiales et de votre dévouement le plus empressé.

F. MONNIER.